LETTRES À L'ASSASSIN DE MA FILLE

TITRE ORIGINAL : *LETTERS TO MY DAUGHTER'S KILLER*

ISBN : 978-2-37834-071-1

CE LIVRE EST ÉGALEMENT DISPONIBLE AU FORMAT NUMÉRIQUE

STÉPHANE MARSAN ÉDITEUR
60-62, RUE D'HAUTEVILLE
75010 PARIS

E-MAIL : INFO@STEPHANEMARSAN.FR
SITE INTERNET : WWW.STEPHANEMARSAN.FR

LETTRES À L'ASSASSIN DE MA FILLE

CATH STAINCLIFFE

TRADUIT DE L'ANGLAIS (GRANDE-BRETAGNE)
PAR FLORENCE MOREAU

STÉPHANE **MARSAN**

À mon merveilleux père,
David Staincliffe (1930-2013).
Rien que de l'amour.

PREMIÈRE PARTIE

CHAPITRE 1

17 Brinks Avenue
Manchester
M19 6FX

Je te hais. Voici ma première lettre, et c'est tout ce que je veux dire. Je te hais. Mais ces trois mots peuvent difficilement traduire l'étendue et la profondeur de cette haine galopante. Presque quatre ans, et j'ai été stupéfaite de constater que ces sentiments, ma rage et mon désir de vengeance, ne se sont pas atténués, bien au contraire. Le temps ne les a pas guéris, il a soufflé sur les braises. La haine est devenue dure comme l'acier, un roc si dense et si lourd à l'intérieur de moi que je crains qu'il ne finisse par me tuer. M'écraser. Me prendre ce qu'il me reste de vie, après l'avoir dépouillée de la bonté, la joie et l'optimisme. Aussi, je t'écris dans le vain espoir qu'une forme de communication avec toi puisse m'aider à surmonter, ou du moins à contourner, ce gouffre de haine.

Chaque mois qui passe voit grossir le monstre. Je reste éveillée la nuit, à imaginer les innombrables et épouvantables façons de te faire du mal, animée de l'envie irrépressible de te punir, pour t'entendre hurler, et que tu me supplies de t'épargner. Ma tête fourmille de scénarios dignes des tragédies jacobines, avec tisonniers brûlants et chevalets de torture. D'opérations menées dans des lieux de détention inconnus : des transferts secrets par avion et des aveux écrits, des hommes nus encagoulés, d'autres munis de tenailles, de câbles électriques et de seaux d'eau. D'histoires de tueurs en série : les lames plantées dans les yeux ou entre les cuisses, des messages ensanglantés maculant les murs.

Ta violence a engendré cette violence en moi, cette créature enragée qui me dévore furieusement de l'intérieur.

Il ne m'est plus possible de vivre.

Tu ne me répondras pas. Nous n'entretiendrons pas une correspondance. C'est moi qui te contacterai selon mes règles du jeu. C'est toi qui liras mes lettres. Pas de formules de politesse entre nous, tu verras, pas de *Cher* ni de *Monsieur*, ça me resterait en travers de la gorge. J'ai beaucoup à te dire, de nombreuses choses à t'apprendre et te faire comprendre. Tout est à portée de main. J'ai tenu un journal, vois-tu, et j'y ai tout déversé, pour tenter de trouver un sens à ce magma, de m'orienter dans le cauchemar. Des impressions, des pensées, des notes prises au jour le jour. Donc, je t'enverrai ces lettres, et ensuite, quand je serai prête, tu répondras à mes questions. Elles commencent cette nuit-là, il y a quatre ans, et, comme ma haine, elles n'ont cessé d'augmenter et de se multiplier depuis. Il y a tant de détails que j'ignore encore. Parce que tu as nié le crime, contesté l'accusation, et menti sans relâche. Deux questions me hantent sans cesse : *Pourquoi l'as-tu tuée ? Comment est-elle morte ?*

Je doute que tu aies la moindre idée de l'enfer que j'ai vécu. Tu étais bien trop occupé à essayer de sauver ta peau. C'est pourquoi je vais te le raconter. Tu l'entendras en entier, sans interruption, sans discussion. Tu auras le récit complet, en exclusivité, avec en prime les commentaires du réalisateur et des scènes bonus.

Arme-toi de courage.

Ruth

CHAPITRE 2

17 Brinks Avenue
Manchester
M19 6FX

Tout commence par un coup de téléphone. Ou bien dois-je dire tout finit par là ? Parce que c'est le point de non-retour. Le moment où mon monde dévie de son axe.

Par cette belle soirée de septembre 2009, je suis seule chez moi, comme d'habitude. Le dernier locataire à qui je louais une chambre est reparti pour Londres, et aucun ne l'a encore remplacé. Hier soir, je suis sortie en ville avec mon amie Bea, nous sommes allées au cinéma voir *District 9*, un film de science-fiction sur les extraterrestres et les préjugés en Afrique du Sud. Ma journée de samedi se déroule selon une routine confortable : une grasse matinée jusqu'à 9 heures (le mieux que je puisse espérer étant donné mes cinquante-sept printemps), un tour chez le kiosquier pour acheter l'édition du week-end du *Guardian*, suivi d'un long petit déjeuner durant lequel je me plonge dans sa lecture, mon chat Milky blotti sur les genoux.

Je me rends ensuite à pied au village pour acheter du poisson. En fait, depuis plusieurs décennies déjà, ce n'est plus à proprement parler un village au sens de « hameau isolé », mais nous continuons à utiliser ce terme : le village de Levenshulme, Withington, Didsbury, Chorlton. Peut-être parce que la réunion de tous ces villages pour former la ville remonte à une date relativement récente. Deux cents ans plus tôt, le « village » était en fait constitué d'une poignée de fermes et d'une route ; à présent, c'est juste un quartier comme un autre de Manchester, l'une des plus grandes villes du Royaume-Uni.

Aujourd'hui, je ne travaille pas à la bibliothèque, comme c'est le cas un samedi sur deux, aussi je dispose de tout mon week-end. Après avoir effectué quelques corvées ménagères – laver et étendre les draps, vider la litière du chat, récurer l'évier –, je déjeune puis me rends au jardin ouvrier. Nous l'avons à notre disposition depuis des années ; officiellement, Frank et Jan en sont les propriétaires, mais dès le début, ils nous ont invités, Melissa, Mags, Tony et moi-même, à nous joindre à eux, la tâche leur paraissant ainsi moins insurmontable que la perspective de s'y atteler seuls : l'endroit était en effet complètement envahi par la végétation, une vraie jungle de patiences, de ronces et de pissenlits. La répartition du travail entre nous six fonctionna plutôt bien. Et quand les uns étaient moins disponibles en raison de crises personnelles, les autres prenaient le relais. Puis, l'an dernier, Frank et Jan sont partis vivre en Cornouailles, et, comme Tony et moi avons divorcé depuis des années, nous ne sommes plus que trois à nous en occuper. Aucune des deux autres n'est présente cet après-midi, mais à en juger par l'état des plates-bandes, elles sont venues récemment ramasser des pommes de terre.

Le soleil est chaud, assez pour que je retire mon pull après avoir commencé à bêcher. À cette période de l'année, il y a un tas de choses à récolter sur la parcelle. Une fois que j'ai enlevé les mottes qui adhèrent aux pommes de terre et arraché les tubercules, je ramasse des poireaux, des haricots grimpants, des carottes, de la salade – en l'occurrence une laitue –, des radis et quelques tomates sous serre. D'autres personnes travaillent sur leurs parcelles, et nous faisons des pauses entre deux efforts pour discuter.

Au bout de deux ou trois heures, mon dos commence à protester. J'arrose, puis rince les outils et les range dans la remise. Ma petite récolte me permettra de tenir la semaine ; je cueille aussi des pois de senteur et des chrysanthèmes pour égayer ma maison.

Milky ne tient plus en place quand je mets le maquereau à griller, et, pour sa peine, je lui fais don de la peau. Puis le reste de ma soirée débute par un bain, habitude contractée à l'époque où je donnais son bain à Lizzie, lorsqu'elle était enfant, et que je rajoutais ensuite un peu d'eau, pour moi.

Alors que je m'assois pour regarder la télévision, Lizzie m'envoie un texto me demandant si je peux garder Florence, le samedi suivant; elle me précisera l'heure quand elle en aura discuté avec Jack qui est, pour l'instant, à la salle de sport. Ravie d'être sollicitée, je réponds immédiatement que c'est entendu.

Je suis en train de me brosser les dents, me préparant à me mettre au lit, impatiente de me glisser entre mes draps frais, lorsque le téléphone sonne.

Pour un peu, je n'aurais pas répondu. D'ailleurs, une partie de moi se plaît à imaginer que les événements auraient été différents, si je n'avais pas pris l'appel. Mais non, tout aurait été pareil, même si j'avais appris la nouvelle une demi-heure plus tard.

Je n'ai pas eu de prémonition, ni de subits frissons, pas davantage de transmissions télépathiques me laissant présager que cette soirée se déroulait anormalement. N'aurais-je pas dû sentir que Lizzie était en danger? Qu'elle luttait pour survivre et qu'elle était en train de perdre... Les gens parlent de pressentiment, d'une brusque douleur qui vous transperce le cœur ou d'une peur soudaine qui vous submerge, de rêves ou de cauchemars qui vous réveillent en sursaut, d'une envie irrépressible de parler à quelqu'un ou de rentrer à la maison. Un instinct animal qui vous saisit.

Rien de tout cela ne m'est arrivé, aucune sonnerie d'alarme, aucun système d'alerte précoce. Quand je décroche, je suis calme, détendue, endormie.

— Allô?

C'est Jack, mon gendre, et sa voix est à peine reconnaissable.

— Ruth... Oh, Ruth!

Alors une première onde de peur m'envahit, une pulvérisation de spray au poivre sur ma peau, une forte contraction au niveau de l'estomac. Mais c'est à Florence que je pense, ma petite-fille. À un accident, une mort subite dans son petit lit, visage marbré et lèvres bleues.

— Jack ?

C'est une question. Un encouragement. *Raconte-moi*, voilà ce à quoi je l'invite.

Et il obtempère.

— C'est Lizzie... Oh, Ruth, quelqu'un a fait du mal à Lizzie ! Putain...

J'essaie de démêler ses propos. Mon cœur cogne dans ma poitrine.

— Est-ce qu'elle va bien ?

Je devine que non. Je l'entends à la respiration trop rapide de Jack, et j'ai conscience que si c'était le cas, il me l'aurait tout de suite annoncé. Cependant, nous sommes programmés pour espérer.

— Je crois qu'ils l'ont tuée.

Il pleure au bout du fil.

Tuée !

— Appelle la police, lui dis-je.

C'est mon premier réflexe pour ne pas m'attarder sur les mots qu'il vient de prononcer. Je ne veux pas y penser. Je ne peux pas. Ce n'est pas possible, ça ne peut pas être vrai. Je fais abstraction de cette information ; elle est bien trop accablante. C'est ridicule, assurément, mais il m'est plus facile de me focaliser sur autre chose.

Je lui répète :

— Appelle la police.

— C'est fait, ils vont arriver.

Cette fois, je ne pourrai pas étouffer mes pensées. Elles se cabrent en hurlant dans mon esprit.

Tuée !

Broderick Litton. Le désaxé obsédé par Lizzie. Les agents de police n'ont jamais rien fait, pas même quand il a surgi chez elle, se contentant d'affirmer qu'ils iraient lui parler. Ils ne considéraient alors pas comme un crime le fait qu'il la poursuive. Pourtant, il lui faisait peur. C'était un homme de haute stature, plus d'un mètre quatre-vingts, à la voix douce. Il lui envoyait des fleurs, assistait à ses interprétations. Au début, elle trouvait ça drôle, mais un peu triste. C'était rapidement devenu oppressant. Puis effrayant.

Elle portait une bombe d'autodéfense au poivre et une alarme personnelle. À la fin, il lui écrivait des lettres de menaces. Il lui disait qu'elle regretterait, qu'il lui ferait payer son attitude. Lizzie les avait montrées à la police. Puis tout est redevenu calme. Pendant un an, elle n'a plus entendu parler de lui, de sorte qu'elle s'est de nouveau détendue, a baissé la garde. Et maintenant, voici ce qui arrive. Bon sang, on aurait dû être plus vigilants. Insister. Des échos résonnent dans ma tête, des récits d'autres parents au sujet de leurs filles, des enquêtes ouvertes sur les négligences policières, leur absence de réaction entraînant des tragédies. Tous ces cas où le harcèlement tourne au meurtre. Nous n'avons pas assez réagi, et ce qui devait arriver arriva.

— Broderick Litton, dis-je à Jack.

— Je leur en ai parlé, répond-il.

— Où es-tu ? À la maison ?

— Oui.

— Et Florence ?

— Elle va bien. Elle était presque endormie.

— Je suis chez vous dans une minute.

Je suis encore habillée, je n'ai donc qu'à prendre mes clés de voiture et enfiler mes chaussures. Jack et Lizzie n'habitent pas loin, à dix minutes à pied et deux en voiture. J'arrive juste avant l'ambulance. Je la vois surgir dans l'autre sens, puis tourner quelques secondes après moi dans la rue de Lizzie. Cette ambulance me redonne confiance. Ils vont la sauver, on accomplit toutes sortes de miracles, de nos jours. Je sens des bulles se former dans ma poitrine, des bulles d'hystérie.

Dans ma précipitation, je trébuche en sortant de la voiture, tombe, me redresse tant bien que mal. Jack est debout devant le portail, Florence dans les bras. Il a les traits tirés, l'air torturé sous la lumière du réverbère. Il claque des dents. Sa petite fille a enfoui le visage dans son cou. Je lui cramponne le bras, et il se penche vers moi. Lorsque je caresse la tête de Florence, elle me repousse. Je vois ses épaules étroites se recroqueviller sous son pyjama.

Les contournant, je remonte l'allée qui mène à la porte, et Jack m'appelle par mon prénom, cris convulsifs abrégés par l'arrivée du car de police qui se gare près de l'ambulance. Flash de lumières bleues dans l'impasse.

La porte est à moitié ouverte, je la pousse complètement et entre. À ma gauche, la cuisine et le coin salon sont allumés. C'est un même espace sans cloison. Une publicité déverse son boniment à la télévision. Lizzie est étendue sur le sol. Je ne vois pas son visage, il est caché par la masse de ses cheveux. Des cheveux blonds imprégnés de sang. Du sang, il y en a sur ses vêtements, le caraco et le pantalon en coton qu'elle porte en général pour dormir, et plus encore sur le parquet et même les murs. La lumière du feu scintille sur son bras, sa main inerte.

Je me glace, et une panique sauvage s'empare de moi. Mon cœur se contracte violemment, mon pouls tambourine dans mes tempes.

— Lizzie !

Je me penche vers elle, pour écarter les cheveux de son visage, l'aider à se relever, à respirer, mais je sens des mains me tirer en arrière, des gens crient autour de moi, m'arrachent à elle, m'entraînant à l'extérieur. Je leur résiste, je lutte, je veux désespérément voir ma fille, mais ils me maintiennent fermement, m'ordonnent de faire ce qu'on me dit, de les laisser accomplir leur travail.

Nous sommes emmenés un peu plus loin dans la rue, Jack, Florence et moi. Diverses personnes posent des questions. J'ai envie de les repousser violemment, les yeux rivés au seuil de la maison, attendant qu'on en sorte Lizzie et qu'on la monte dans l'ambulance pour l'y soigner. J'éprouve une telle frustration que j'interpelle d'un ton furieux l'homme qui s'avance alors vers moi :

— Pourquoi ne l'emmène-t-on pas à l'hôpital ?

— Madame Sutton ? me demande-t-il. Vous êtes la mère de Lizzie, n'est-ce pas ?

— Oui, dis-je sèchement.

L'empathie se lit sur son visage, à tel point que j'en ai la gorge nouée.

— Je suis désolé, madame Sutton. Lizzie est morte. Selon toute vraisemblance, il s'agit d'un homicide, et nous devons le traiter comme tel. Le pathologiste judiciaire est en chemin, et nous allons placer un cordon de sécurité autour des lieux afin que notre équipe médico-légale puisse commencer son travail. Pourriez-vous emmener Florence chez vous ?

Lèvres serrées, je hoche la tête.

— M. Tennyson - Jack - va faire une déposition. Et nous reviendrons plus tard vers vous. On va vous mettre en relation avec une personne en charge du soutien psychologique aux familles. À présent, je suis vraiment navré, mais je dois vous poser quelques questions. Vous êtes entrée dans la maison ?

— Oui.

— À l'aide d'une clé ?

— La porte était ouverte.

— Pas fermée à clé, vous voulez dire ?

— Non... Euh... Oui. Enfin, elle était entrouverte.

Il consigne mes propos.

— Où êtes-vous allée ?

— Juste dans le salon.

— Avez-vous touché la porte ?

Je réfléchis un instant.

— Oui, je l'ai poussée.

— Avez-vous touché Lizzie ?

— Non.

Je n'en ai pas eu la possibilité, et je le regrette.

— Avez-vous touché autre chose dans la maison ?

— Non.

— Réfléchissez bien, à tous les détails : pour vous relever, peut-être ? N'avez-vous rien ramassé ?

— Je ne me souviens pas, je ne crois pas.

Il prend encore des notes, puis déclare :

— Comme vous avez pénétré sur une scène de crime, vous devez nous remettre vos vêtements et vos chaussures. À quelle distance d'ici habitez-vous ?

Je lui donne l'information.

— Je vais demander qu'on vous raccompagne, et vous enlèverez immédiatement les affaires que vous portez, s'il vous plaît, pour les mettre dans les sacs que l'on vous fournira.

— Broderick Litton, dis-je. Il harcelait Lizzie. Elle avait déposé plainte contre lui. Mais vous n'avez rien fait. Vous devez le retrouver.

Je tremble, ma voix se brise. Mes genoux flanchent. D'un bras, il me maintient.

— Vous avez son adresse, sa date de naissance ? s'enquiert-il.

— Non. Regardez dans vos dossiers. Vous devez avoir des renseignements sur lui.

— Entendu, acquiesce-t-il sans esquisser le moindre geste. Le policier qui viendra chez vous vous demandera plus de détails. Il ne sera pas long.

Jack porte Florence jusqu'à ma voiture. Elle s'est endormie et remue à peine quand il l'assoit dans le siège pour enfant, fixé sur la banquette arrière.

Avant de partir, je lui demande :

— Que s'est-il passé ?

— Je ne sais pas, répond-il en secouant la tête.

Des larmes roulent sur ses joues.

— J'étais au club de sport. Tout allait bien quand je suis parti. Je l'ai juste vue...

Il ne peut poursuivre, je le serre dans mes bras.

Quelques instants après, l'un des policiers s'installe sur le siège passager, et je démarre.

Florence a un petit lit dans ma chambre, pour les nuits où je la garde, mais je ne vais pas dormir et je ne veux pas non plus qu'elle se réveille toute seule, après le drame qui vient de se produire. A-t-elle vu Lizzie ? Jack a-t-il réussi à la porter dans l'escalier et à la sortir de la maison sans la réveiller ? Il a dû traverser le salon avec elle, la maison n'est pas grande, c'est un bâtiment récent, le seul qu'ils pouvaient s'offrir avec leurs modestes économies.

Bon sang ! Jack était à la salle de sport, donc Florence était sans défense quand...

Je la dépose sur le canapé et la recouvre d'une couverture.

Je vais me changer, j'enlève mon pull, mon jean et mes chaussures de marche, que je mets dans les différents sacs qui m'ont été fournis. Puis le policier les emporte.

La maison est froide. Je me rends dans la cuisine et j'allume le chauffage. Milky vient vers moi et s'enroule autour de mes jambes. Je regarde les légumes posés sur le comptoir, la terre desséchée qui adhère à leur peau, les maigres racines des carottes, le vert vif des haricots. Derrière la fenêtre, le ciel est noir, et la nouvelle lune frêle, brillante comme un sabre.

J'ai mal au crâne, mes tempes résonnent douloureusement, et les mots *Lizzie est morte* tournent en boucle dans ma tête au rythme de ces martèlements sourds. Mais ce sont juste des mots. Je ne peux pas les croire. Pas quand je vois la botte de carottes, le croissant de lune et l'enfant qui dort paisiblement sur mon canapé.

Ruth

CHAPITRE 3

17 Brinks Avenue
Manchester
M19 6FX

Croyais-tu être tiré d'affaire, ce premier soir ? Qu'as-tu ressenti ? De l'exultation ? De la terreur ? Un frisson sexuel ? C'est toujours le même parcours psychologique : force, folie, foutre, non ? Violence, effroi, sexe. Cela figure sur la liste de mes questions. T'es-tu souvent repassé les événements dans la tête, ou bien les as-tu enfouis dans un recoin de ta mémoire ? Étais-tu accablé par la culpabilité ou complètement exalté ?

Alors que j'attends l'arrivée d'une tierce personne qui brisera le charme – le cocon où ma petite-fille, le chat et moi sommes blottis – j'essaie de t'imaginer. Toi, Broderick Litton que je n'ai jamais rencontré, jamais vu. Un garde du corps, c'était la façon dont Lizzie te décrivait : intelligent, mais à l'allure militaire, coupe très courte, impeccable. Toujours charmant, sauf quand tu devenais un harceleur vicieux. À l'époque où tu la poursuivais, j'étais plus paniquée que Lizzie. Comme la police ne faisait rien, je voulais qu'elle déménage. Je lui avais même suggéré qu'on échange nos maisons.

Les questions fondent sur mon cerveau comme des chauves-souris dans l'obscurité, de long en large, silencieuses, rapides, semblables à des ombres. Pourquoi Lizzie n'a-t-elle pas été plus prudente ? Pourquoi a-t-elle ouvert la porte ? Pourquoi t'a-t-elle laissé entrer ? Pourquoi ? Pourquoi ? Pourquoi ?

Où es-tu ? Files-tu dans les rues noires comme la nuit dont se dégage une odeur de sang, ou te caches-tu dans un quelconque repaire pour t'enivrer et jubiler ? À moins que tu ne te sois glissé dans ton lit, aux côtés de ta femme endormie.

Il m'est difficile de rester tranquillement assise. D'ailleurs, Milky perçoit mon agitation intérieure, y fait écho avec ses incessantes allées et venues par la chatière. J'ai les pieds glacés, je suis gelée jusqu'à la moelle en dépit du chauffage, et ma peau me démange. Je n'arrête pas de me gratter : les bras, le cou, les mollets. Comme si j'allais muer, ou si j'essayais de m'arracher la peau pour que mon corps soit à vif, comme tout le reste.

Les photos de Lizzie – bébé, enfant, avec Jack, avec Florence – tapissent les murs de ma maison. Je me tiens dans un angle, les yeux rivés sur une en particulier : le jour de sa remise de diplôme, encadrée de Tony et moi. Ses yeux brillent de bonheur, et les nôtres aussi. Joie et fierté. Je me frictionne l'épaule. Tony... Il faut que j'appelle Tony ! Enfin, dois-je le faire maintenant, ou attendre d'être complètement sûre ? Si c'est une affreuse erreur et que je lui annonce... qu'elle est... La nausée monte en moi, me ratatine l'estomac et fait jaillir de la bile dans ma gorge. Les mains moites, mais le front couvert d'une pellicule de sueur glacée, je vais cracher dans l'évier et bois un peu d'eau.

On toque à la porte, et je sursaute. C'est l'agent chargé du soutien psychologique auprès des familles. Une grande femme aux cheveux grisonnants et au visage tanné. Aux yeux doux, surtout. Cela paraît évident, mais c'est vrai. Je ne la juge pas, je ne cède pas ouvertement à l'émotion, c'est un constat. Elle a le genre de regard qu'on ne peut soutenir sans avoir envie de détourner la tête (à moins que ce ne soit une appréciation *a posteriori*, car lors des premiers jours, Kay, c'est son nom, fut notre seul point d'ancrage, celle qui faisait revenir le calme sous notre toit).

Kay prépare du thé et explique ce qui va se passer pendant les vingt-quatre prochaines heures. C'est tout ce que je suis capable d'entendre, et pourtant je suis incapable d'intégrer tout à fait ces informations. Il y a comme un écran entre le monde extérieur et ce que j'en saisis, un brouillard qui rend difficile une réelle compréhension de la situation.

— C'est le choc, me dit Kay quand je m'excuse et la prie de répéter. Vous n'arrivez pas à mettre de l'ordre dans vos pensées. C'est normal.

Un éclat de fureur perce le brouillard. J'exprime mon désaccord.

— Ce n'est pas normal, rien de tout cela n'est normal !

— Non, convient-elle.

Je fais les cent pas dans la pièce : mon cuir chevelu me démange, j'y enfonce mes ongles pour le gratter. J'essaie de me rappeler les paroles de Kay. Des gens vont se rendre chez Lizzie pour examiner la scène du crime et prélever des preuves. Il y aura une autopsie. Une foule d'images de films me viennent à l'esprit : des médecins légistes angoissants, des inspecteurs imparfaits mais courageux. Cette fois, c'est pour de vrai, me dis-je à moi-même. Pour de vrai. Ça s'est réellement passé. Il y aura une identification formelle du corps de Lizzie. Kay dit « le corps de Lizzie » et non pas « le corps ». Chaque fois qu'elle la mentionne, elle utilise son prénom. Elle reste précise et personnelle dans ses propos. Dans son métier, on est sans doute formé pour ça, et j'apprécie le fait qu'elle comprenne que la victime est plus qu'une victime ; qu'elle est ma fille, la femme de Jack, la mère de Florence.

Soudain, je me rappelle quelque chose et je déclare précipitamment :

— Il faut que j'appelle Tony. C'est le père de Lizzie.

— Habite-t-il dans les environs ?

— Oui, à Reddish Vale.

C'est à quelques kilomètres. J'ajoute :

— Il est remarié. À Denise.

« Denise qui sonorise ». C'est le vilain surnom dont je la gratifie, car Denise, par défaut, pouffe ou rit, et, comme elle fume, ses gloussements sont accompagnés d'un épouvantable sifflement d'asthmatique. C'est vraisemblablement un tic nerveux, mais cela me donne envie de la gifler. De la saisir par le bras et de lui demander ce qu'elle trouve si drôle.

Je dois regarder leur numéro dans mon carnet d'adresses, parce que je n'ai jamais fait l'effort de le mémoriser. Ça sonne, ça sonne. Tony n'entend probablement pas. Il devient sourd, Lizzie l'a dit récemment, mais il est bien trop orgueilleux pour consulter un spécialiste. Lizzie le taquinait souvent à ce sujet et prétendait qu'elle devrait lui enseigner la langue des signes. Un peu plus que ceux que nous maîtrisions quand elle a commencé à apprendre la BSL, langue des signes britannique : bonjour, au revoir, je t'aime et quelques jurons. Elle me rapporte des commérages sur Tony (nul doute que ça fonctionne aussi dans l'autre sens), et je les écoute, reconnaissante. Nous entretenons des rapports courtois, lui et moi. Par égard pour elle, au moins, et aussi pour Florence.

Le téléphone sonne toujours dans le vide.

— Ils ne répondent pas, dis-je à Kay. Je vais essayer sur son portable.

Tony l'utilise au travail, mais il l'éteint quand il est à la maison. Ou du moins en avait-il l'habitude. J'ai l'impression qu'il me faut une éternité pour trouver mon portable et ses coordonnées. Quand j'entends la sonnerie, il me vient à l'esprit que les Tennyson, les parents de Jack, doivent aussi être informés. Je le dis à Kay et demande en conclusion :

— Dois-je attendre ?

D'ailleurs, est-ce que j'ai leur numéro ?

— Jack préférera certainement les prévenir lui-même, renchérit-elle.

— Oui, bien sûr.

Elle sait parfaitement dans quelle catégorie on range ce type d'événement : ce n'est pas simplement un décès, mais une mort subite et violente.

Je tombe sur la messagerie vocale de Tony et raccroche. Puis j'enfouis le visage dans mes mains.

— Réessayez plus tard, me conseille Kay. Nous pouvons aussi envoyer quelqu'un sur place si vous...

— Non.

Je ne veux pas passer pour une lâche, c'est moi qui dois lui annoncer la nouvelle, pas un étranger.

L'homme qui vient prendre ma déposition me paraît bien trop jeune pour assumer ce genre de tâche. Mais il ne manifeste aucun signe de nervosité, il a l'air d'être à la hauteur de sa mission. Il m'invite à reconstituer lentement la succession d'événements qui se sont déroulés : l'appel de Jack, le trajet en voiture, l'entrée dans la maison, l'arrivée des policiers qui m'ont retenue.

Puis il me pose quelques questions au sujet de la maison : les lumières étaient-elles allumées ou éteintes, en ai-je moi-même allumé ? Y avait-il du bruit, celui de la télévision ou de la radio ? La température était-elle élevée ou basse ?

Alors je me mets à rire : cela semble si ridicule, eu égard à l'énormité du choc, que ma sensibilité au chaud ou au froid ait pu alors fonctionner, et que je puisse m'en souvenir.

— Aucune idée, dis-je.

Je revois Lizzie, le contraste de ses cheveux blonds et des taches sombres. Je me rappelle alors la lumière qui scintillait sur sa main, la gauche. Ce devait être le reflet du feu, de leur poêle à bois. Aussi, je précise :

— Le poêle était allumé.

Il en vient ensuite à des questions d'ordre plus général, me demande de confirmer la date de naissance de Lizzie et son âge. Il veut en savoir plus sur sa vie, son mariage, ses habitudes. Sur notre dernière entrevue. Sur les sujets que nous avons abordés. Et, finalement, si je soupçonne quelqu'un d'avoir pu s'en prendre à elle. Je lui fais part de tout ce que je sais sur Broderick Litton et lui recommande vivement de vérifier les fichiers de la police. Ils lui en apprendront sans doute bien plus que moi.

Il consigne toutes mes déclarations et me les lit à voix haute. Quatre pages en tout. Puis j'appose ma signature à l'endroit prévu.

Quand je rappelle Tony, c'est Denise qui décroche.

— C'est Ruth. J'ai besoin de parler à Tony.

Quelques instants s'écoulent pendant qu'elle va le chercher ou lui apporte le combiné, puis j'entends la voix de Tony, lourde de sommeil. Je prononce son prénom, puis me fige. Je déglutis, m'obligeant à faire entrer de l'air dans mes poumons.

— Tony, j'ai une très mauvaise nouvelle à t'annoncer. Oh, Tony ! C'est Lizzie. Je suis si... Lizzie... Elle est morte, Tony.

Il émet un bruit, une sorte de sanglot étranglé.

Je ne peux pas lui raconter la suite, pas au téléphone.

— Peux-tu venir à la maison ?

— Oui, dit-il.

Et c'est tout. Juste oui. Un oui rapide et calme. Puis il raccroche.

Jack arrive le premier ; c'est presque l'aube. Il a les yeux rouges, les lèvres gercées, le visage gris. Il porte un survêtement bleu marine, des baskets noires et un anorak en nylon, vêtements que la police lui a sans doute remis pour remplacer les siens. Il ôte la veste et s'avance lentement vers le canapé, tel un vieil homme atteint d'arthrite, pour s'asseoir à côté de Florence toujours endormie.

On ne peut pas se tromper sur la filiation paternelle de celle-ci. Elle a les mêmes cheveux noirs, brillants et raides que son père, des traits réguliers comme lui, et leurs pommettes saillantes sont identiques. La seule chose que Florence a héritée de Lizzie, ce sont ses yeux vert océan, comme ceux de Tony.

C'est Jack qui s'est principalement occupé d'elle, ces deux dernières années. Lizzie et lui sont tous les deux free-lances, aussi celui qui avait des propositions les acceptait, pendant que l'autre tenait les rênes du foyer. Il est difficile pour eux de jongler entre tout cela, de faire face à l'incertitude quant aux rentrées d'argent, mais tous deux aiment leur métier, et aucun ne voudrait y renoncer pour la sécurité d'un emploi fastidieux qui les occuperait quotidiennement de 9 heures à 17 heures.

Jack acceptera tous les emplois qu'il pourra décrocher : des rôles radiophoniques, de la pantomime, de la télé, ainsi que du théâtre, ce qu'il préfère. Il continue à passer des auditions, mais cela fait des mois qu'il n'a rien obtenu, tandis que Lizzie croulait sous le travail. Elle a commencé à interpréter des conférences pour les étudiants sourds dans les universités des environs, puis s'est spécialisée dans les représentations théâtrales, et son activité a alors vraiment décollé.

Kay apporte une tasse de thé à Jack, qui l'entoure de sa main et se penche au-dessus. Elle lui répète ce qu'elle m'a déjà dit concernant la journée du lendemain. Sur ce qui va arriver à Lizzie. Ce qu'il faut faire. Puis elle nous laisse pour que nous puissions discuter.

Il est à l'évidence épuisé, mais je veux désespérément savoir ce qu'il a vu, l'entendre me raconter l'enchaînement des événements, découvrir s'il a déjà appris quoi que ce soit de la police.

Je lui demande :

— Que s'est-il passé ?

Il secoue la tête.

— Ils ne savent pas.

Son ton est las, son timbre rauque, il n'a presque plus de voix.

— Je suis allé à la salle de sport...

Il se racle la gorge.

— Elle regardait la télévision quand je suis sorti de la maison...

Tous les deux vont régulièrement au club de sport. Pour Lizzie, c'est une façon de rester en bonne santé, et Jack doit quant à lui entretenir sa forme pour son travail de comédien.

— Puis je suis revenu...

Ses mains se crispent sur son mug.

— Elle était là...

Il perd alors contenance et, tout en parlant, lutte contre les larmes.

— Elle était là, comme ça. Qui a pu faire une chose pareille ?

Il me regarde. Je lui demande :

— As-tu vu quelqu'un ?

Il secoue à nouveau la tête, ses yeux reflétant ses ruminations.

— Broderick Litton, dis-je aussitôt.

— La police est au courant. Elle va l'interroger.

— Il ne l'avait pas importunée, ces derniers temps ?

— Non, rien depuis juillet dernier.

Je souligne :

— Et puis elle ne l'aurait jamais laissé entrer.

— Peut-être qu'elle l'a pris pour moi, qu'elle a cru que j'avais oublié quelque chose.

— Tu aurais utilisé ta clé.

— Oui, tu as sans doute raison… Dans ce cas, je ne sais pas.

C'est alors qu'il lance.

— On a surpris un rôdeur, récemment.

— Quoi ! Quand ?

— Mercredi soir. Il y a eu un cambriolage au numéro 8, mardi. Deux portes plus bas.

— Lizzie a vu quelqu'un dans notre jardin, poursuit-il.

— C'était Litton ?

— Elle a dit que non, il n'était pas assez grand, c'était plus la silhouette d'un ado, selon elle, même si elle n'a pas aperçu son visage, affirme Jack. La police est passée jeudi matin, et je leur ai signalé l'incident.

— Ils l'ont arrêté ?

— On ne nous a rien dit.

Je me frotte le front. Est-ce ce rôdeur, et non Litton ?

— Dans ce genre de cas, ils soupçonnent toujours le mari, non ? reprend-il.

Mon estomac se contracte.

— C'est la procédure. Mais ils ne peuvent quand même pas penser que tu…

Je suis si choquée que mes poignets en fourmillent.

— Non, dit-il. Ils savent que je n'étais pas sur place. Mais ils m'ont demandé de raconter en boucle ce qui s'était passé. J'ai essayé de la ranimer…

Il pose le mug par terre et enfouit le visage dans ses mains, les épaules secouées de spasmes.

Je me dirige vers lui, m'assieds sur l'accoudoir du canapé et le serre contre moi de toutes mes forces.

La lumière éclaire brusquement la pièce, me faisant mal aux yeux.

Kay est revenue. Elle non plus n'a pas dormi. A-t-elle l'habitude de faire des nuits blanches, pour son travail ?

Je demande à Jack :

— T'ont-ils dit comment elle était morte ?

Ce que je sais, c'est qu'il y avait du sang. Beaucoup de sang.

— Ils ont dit que l'autopsie le confirmerait.

Sa bouche tremble quand il parle.

— C'est bien un traumatisme causé par un objet contondant ?

Il lève les yeux vers Kay, comme s'il vérifiait que ce qu'il a dit est correct.

— Traumatisme causé par objet contendant et choc violent, précise-t-elle. C'est ce que nous pensons pour le moment.

— Avec quoi ?

Je n'ose même pas imaginer.

As-tu apporté une arme ? Une batte de base-ball ou une sorte de matraque ? Puis il me vient à l'idée que tu as peut-être utilisé tes poings. Et c'est encore plus douloureux. Est-ce la première fois que tu tues quelqu'un ? Pourquoi avoir choisi Lizzie ? Pour quelle raison es-tu venu chez elle ? Pour l'argent ? Pour voler ? Pour violer ? Comment es-tu entré ?

Je sors dans le jardin, à l'arrière de la maison, pour prendre l'air. Il scintille sous la rosée, les toiles d'araignées, les fils s'accrochent aux arbustes qui le délimitent. L'air, humide et frais, me pique la trachée quand je respire. Un couple de mésanges charbonnières est juché sur le distributeur de graines, fixé dans le magnolia. Le ciel bleu se teinte de rose à l'est. Le croissant de lune est encore visible. Milky bondit et vient s'installer sous l'arbre, mais les mésanges ne lui prêtent pas attention. Comment tout peut-il être encore intact ici ? J'ai l'impression que le tableau est trop brillant, trop clair, la définition des images trop précise, comme si je déambulais sur un plateau de tournage.

Sur le toit de la maison mitoyenne, trois pies sautillent et jacassent. Un corbeau se joint à elles, se faufilant le long de la cheminée, puis un deuxième. Et deux autres encore.

Une bande de rapaces.

L'expression surgit spontanément, comme une plaisanterie affreuse qui résonne dans mon cerveau.

Je perçois soudain du bruit à l'intérieur. C'est Tony qui vient d'arriver, le voilà qui sort pour me rejoindre, Denise sur ses talons. Il secoue la tête en s'avançant vers moi, puis me prend dans ses bras, une étreinte rapide et vigoureuse, avant de reculer d'un pas. D'ailleurs, je n'aurais pas pu en supporter plus. Je dois résister à la mémoire des sens, des milliers d'autres étreintes, au souvenir de la masse réconfortante de son corps. Sans réfléchir, j'enlace aussi Denise. Elle n'est pas d'humeur à rire. C'est la première fois que nous nous touchons, nous n'avions pas même échangé une poignée de main jusqu'à ce jour.

Nous mesurons la même taille, Denise et moi. Nous avons toutes les deux pris quelques bourrelets avec l'âge, et même si mes jambes sont toujours élancées, mon ventre est un peu proéminent, et mes fesses ont doublé de volume. Denise est plus trapue, son visage est plus potelé aussi. Elle sent le parfum, un mélange de rose et de gardénia, conjugué à une pointe de tabac froid.

Quand je m'écarte d'elle, nous nous regardons et, sans un mot, nous comprenons que l'heure de la trêve est venue. Je hoche la tête pour la remercier. Je ne l'ai jamais vue sans maquillage. C'est une première fois qui vient s'ajouter aux autres premières fois qui se succèdent depuis le drame. La situation est inédite.

Nous rentrons dans la maison. Tony n'arrive pas à s'asseoir. Comme moi, il fait les cent pas, s'arrête pour lever brusquement les bras au ciel et s'arracher les cheveux. Ce geste m'évoque un cri muet. Celui du tableau de Munch.

Une fois que j'ai raconté à Tony et Denise tout ce que je savais, c'est-à-dire bien peu, il bombarde Kay de questions.

Quels moyens avez-vous mis en place pour arrêter celui qui a fait ça ?

Comment est-il entré ?

Les voisins ont-ils vu quelqu'un ?

Était-ce un cambriolage ?

Ne peut-on pas recourir à des chiens policiers ou quelque chose comme ça ?

Avez-vous retrouvé Broderick Litton ?

Et ce rôdeur ?

Il paraît plus vieux, plus ridé, plus bedonnant. Ses cheveux sont toujours épais et souples, même si de nombreuses mèches grisonnantes se mêlent à sa crinière couleur bronze.

Les réponses de Kay sont honnêtes, réfléchies, invariablement décevantes.

Il secoue la tête, fronce les sourcils, bouche serrée, exprimant à la fois la fureur et l'impuissance.

Denise ne dit pas grand-chose, mais de temps à autre, elle se dirige vers lui et le touche, lui saisit la main, pose la paume sur sa joue. Elle essaie de l'apaiser.

Je détourne le regard.

Florence se réveille et s'assoit sur les genoux de Jack. Elle ne bronche pas, elle doit être déroutée : ma maison n'est pas très spacieuse, et il y a beaucoup de gens, y compris Kay, qu'elle ne connaît pas.

— Kay ? dis-je alors en l'entraînant dans la cuisine. Que devons-nous dire à Florence ?

— Jack affirme qu'elle n'a rien vu, n'est-ce pas ?

— Exact, pour autant qu'il sache.

Il n'était pas à la maison au moment du meurtre, il n'est donc pas exclu que Florence ait vu ou entendu quelque chose. Ils doivent avoir fait du bruit. Il y avait des objets cassés, non ? Pourquoi est-ce que je pense ça ? Mon souvenir du salon est si imprécis, comme une peinture dont seul le sujet central serait net, mais tout le reste voilé et flou.

— Il est nécessaire qu'elle connaisse la vérité, me dit Kay. Juste les faits. Il se peut qu'elle ne comprenne pas.

— Nous serons deux, renchéris-je d'un ton amer.

Kay me regarde droit dans les yeux.

— Elle a quatre ans, elle n'a sans doute pas la moindre notion de ce qu'est la mort. Elle a besoin de savoir que sa maman ne reviendra pas, que son corps ne fonctionne plus, qu'elle ne se réveillera pas.

— Je vais d'abord préparer le petit déjeuner, dis-je d'une voix tendue.

Pendant que Florence profite de la présence inhabituelle de papy Tony et mamie Denise qui la regardent manger ses Frosties, j'explique à Jack ce que Kay m'a dit concernant l'identification du corps de Lizzie.

— Je m'en chargerai, déclare-t-il. Je peux monter Florence à l'étage ?

— Oui, prends ma chambre, ou la chambre d'amis, je n'ai plus de locataire. Si tu veux que je t'accompagne pour...

Il écarte ma proposition.

C'est le jour le plus long de ma vie. Il semble qu'il n'ait pas de début ni de fin. Florence suit Jack comme son ombre, et quand arrive l'heure d'aller identifier le corps, je dois littéralement l'arracher à son père. Elle hurle et donne des coups de pied. J'avais espéré y aller aussi, pour voir le visage de Lizzie, être certaine que le corps que j'ai vu dans le salon est bel et bien celui de ma fille. Pour que cela devienne indéniablement réel. Mais Florence a besoin de moi, ici.

Les parents de Jack, les Tennyson, sont en route – ils viennent de l'East Anglia –, et Tony et Denise sont à présent partis, mais celui-ci a promis de revenir plus tard.

À son retour, Jack me raconte qu'il a dû identifier le corps de Lizzie sans regarder son visage qui était recouvert d'un drap en raison de l'étendue des dégâts. Il a donc scruté ses mains, ses pieds, son alliance et son tatouage à l'épaule droite : une hirondelle en plein vol.

La sauvagerie destructrice dont tu as fait preuve à son égard. J'en reste sans voix.

Ruth

CHAPITRE 4

17 Brinks Avenue
Manchester
M19 6FX

— On peut rentrer chez nous, maintenant ?

Florence est attablée devant un œuf mollet avec des mouillettes. Je suis soulagée de la voir manger. Elle se tourne vers son père, essuie les miettes sur ses doigts minuscules, un peu de jaune d'œuf sur la joue.

— Pas encore, répond Jack.

— Quand ?

— Bientôt. Je ne sais pas quand.

Elle réfléchit à ce qu'il vient de dire, un léger sourcillement assombrissant son expression.

— Je veux Bert, déclare-t-elle.

Bert est le doudou de Florence. À l'origine blanc, cet ours offert par Tony et Denise est désormais d'un gris sale, et ses oreilles sont dégarnies et effilochées, car Florence aimait les mâchouiller quand elle était bébé.

Je demande alors à Kay.

— Un agent peut-il aller le chercher ?

Récupérer la peluche d'un enfant dans une autre pièce de la maison ne va tout de même pas perturber le travail des enquêteurs. Mais Kay secoue la tête.

— Je vous préviendrai dès que vous pourrez aller chercher des affaires là-bas. Vous n'avez pas de vêtements pour Florence, chez vous ?

— Pas vraiment. Juste une tenue de rechange en cas d'urgence.

Ma voix se brise sur ces mots. Je déglutis.

— Ainsi qu'une boîte de jouets.

Elle est rangée dans un placard de la cuisine, mais quelqu'un l'a déjà repérée et déposée dans le salon. Florence n'y a pas prêté attention jusque-là.

— Faites une liste, dit Kay. On achètera le nécessaire.

Elle se tourne vers Jack.

— Vous aussi.

Et elle lui tend une feuille de papier et un stylo.

— Je veux Bert, répète Florence en élevant la voix.

— Tu le reverras bientôt, dis-je pour la rassurer. En attendant, on va te trouver un nouveau copain.

— Qui ? questionne-t-elle d'un ton suspicieux.

— Une poupée ou un cheval ? Il y en a plein au magasin de jouets. On ira en choisir un, si tu veux.

C'est quitte ou double. Soit elle saisit la balle au bond, soit elle pique une colère.

— Avec papa, conclut-elle.

Elle ne veut pas se séparer de lui.

— Bien sûr, renchérit Kay.

J'enchaîne :

— Et tu devras y aller pieds nus.

Elle fait la grimace, et j'éclate de rire. Aussitôt, je me sens coupable. Lizzie est morte. Quelle sorte de mère suis-je donc ? Quelle sorte d'être humain ?

Je les accompagne. Finalement, je ne suis pas très différente de ma petite-fille, je n'ai pas envie que les miens sortent de mon champ de vision, ni ne suis très rassurée à l'idée qu'on me laisse seule. Car, au fond, tout est possible. Le monde est désormais un lieu chaotique et dangereux, soumis à l'aléatoire.

Nous nous rendons chez John Lewis : c'est en dehors de la ville, le parking est gratuit, et on peut tout acheter au même endroit. On doit avoir une drôle d'allure : Jack et moi avons l'air anéanti, nous sommes lents et distraits, Kay nous guide à travers les rayons.

Nous prenons quelques livres, que Florence connaît déjà car elle les a à la maison, puis nous nous dirigeons vers le rayon des jouets. Bras croisés, Florence inspecte avec dédain les boîtes fourmillant de peluches et les étagères où trônent les poupées. Jack et moi lui faisons des suggestions : « Le petit singe est adorable, non ? », « Et un renard polaire ? », « Ou bien ce tigre-là ? » Chaque fois, elle secoue la tête.

Une autre fillette arrive, elle doit avoir sept ans. Elle porte une robe chasuble rose, des ballerines, des nœuds fuchsia dans les cheveux. Une femme, sans doute sa mère, la tient par la main.

— Celle-ci, décrète-t-elle d'une voix perçante.

Puis elle saisit un poupon, un de ceux qui ressemblent à s'y méprendre à des vrais, avec un cou mou et un nombril protubérant. Il y a toute une série d'accessoires qui vont avec : des vêtements, des biberons, des couches, des lingettes. La femme demande à la petite fille si elle est sûre d'elle, puis elles s'éloignent avec leur butin.

— Allez, Florence, déclare Jack. Fais ton choix, maintenant.

Elle parcourt l'allée dans un sens, puis l'autre, prenant des jouets puis se ravisant. Devant ces hésitations, un sentiment proche de la panique commence à saturer l'air.

— Tu n'es pas obligée d'en prendre un, s'ils ne te plaisent pas, dis-je.

Elle hausse alors les épaules. Nous nous dirigeons donc vers l'Escalator, mais soudain, elle se retourne et revient sur ses pas en courant. Jack la suit. Elle s'empare d'un baigneur réaliste. Il est répugnant avec ses yeux bleus qui vous regardent fixement et sa moue boudeuse. Les plis autour de son cou et les sillons sur son front m'évoquent un extraterrestre, ou une créature rabougrie et décrépite.

Quand nous arrivons à la caisse, Jack lâche un juron.

— Je n'ai pas de carte, mon portefeuille...

Il tend ses mains vides.

— Pas de problème, j'ai le mien, dis-je.

Jack va ensuite se choisir quelques vêtements, pendant que je sélectionne des habits indispensables pour Florence : un pyjama de rechange, un manteau, des chaussures. Je regarde à peine les prix ou la forme, tout ce qui compte c'est de se débarrasser de la corvée, de trouver la bonne taille.

Après quoi, on se rend au supermarché juste à côté afin d'acheter des céréales et des beignets de poisson pour Florence, un poulet rôti, une baguette, du vin, des bananes, du pain de mie et du lait.

Alors que nous attendons notre tour pour payer, je manque de m'effondrer, quasiment incapable de faire face à la situation : acheter de la nourriture, choisir des fruits me semble un sacrilège. C'est irrévérencieux. Et si je ne m'écroule pas par terre, c'est uniquement parce que Florence est là. En l'état d'hébétude où je me trouve, je ne compose pas le bon code. La caissière nous regarde, puis dit très lentement :

— Recommencez, madame, vous avez droit à trois essais.

Elle nous prend sans doute pour des assistés sociaux qui essaient de se réintégrer en pratiquant des exercices de base, ou bien des réfugiés. Ce que nous sommes, d'une certaine façon. Sauf que nous n'avons pas de refuge, nulle part où fuir. La réalité, celle que tu as déposée à notre porte, est inéluctable. Notre paysage habituel est transformé. Nous errons dans le désert. C'est toi qui nous y as précipités.

À la maison, Florence délaisse le poupon, l'abandonne sur le sol de la cuisine. Après le thé, une fois que Jack lui a promis qu'il la borderait, elle accepte que je lui donne le bain. Je lui enfile ensuite son nouveau pyjama et lui sèche les cheveux. Brusquement, elle éclate en sanglots et hurle :

— Je veux maman !

Son visage baigné de larmes est tout rouge et froissé, des bulles de morve sortent de son nez. Je l'assois sur mes genoux, puis la berce tout en murmurant de petites phrases apaisantes :

— Tu es triste, maman est morte et elle ne reviendra plus. Pauvre Florence. Pauvre maman. Pauvre papa.

Moi aussi je pleure, mais en silence, pour ne pas l'angoisser davantage. Peu à peu, ses sanglots se calment et finissent par s'arrêter, la laissant hoquetante.

En bas, nous lisons un des livres. *La Chasse à l'ours*. Bien sûr, nous pourrons aller à la bibliothèque et choisir plus d'albums, si Jack et Florence sont toujours ici. Je ne sais absolument pas dans combien de jours ils pourront réintégrer leur foyer. Il se peut que je demande à Kay de l'y emmener, car j'ignore si j'aurai le courage d'affronter mes collègues. J'ai envie de me cacher, de rester à l'écart du monde.

Florence insiste pour dormir dans la même chambre que Jack, alors je propose la mienne à ce dernier, je prendrai la chambre d'amis. Je vais chercher les affaires dont j'aurai besoin, puis il la couche et attend qu'elle soit endormie pour redescendre, laissant la porte ouverte afin que nous l'entendions si elle se réveille.

Kay nous conseille de ne parler aux médias qu'en présence de la police. Elle dit qu'ils risquent de m'appeler. Je mets le téléphone sur répondeur pour pouvoir filtrer les appels.

Le meurtre de Lizzie est sur toutes les chaînes de télévision, les reportages sont toujours accompagnés de son visage, récupéré d'une photo de famille. En arrière-plan, lorsque le journaliste parle à la caméra, on voit leur maison, condamnée par le ruban adhésif utilisé par la police. Chaque fois, ils répètent la même chose :

« La police de Manchester a ouvert une enquête pour homicide après la découverte du corps de Lizzie Tennyson, âgée de vingt-neuf ans, hier soir à son domicile, dans le quartier de Levenshulme. Lizzie Tennyson était mariée et avait une petite fille. La police demande à toute personne susceptible de détenir des informations de se manifester. »

Bea, ma plus vieille amie, est sur le pas de ma porte. Je la fais entrer, et elle me serre si fort dans ses bras qu'elle manque de me casser les côtes. Nous nous rendons au salon.

— Je ne vais pas m'attarder, déclare-t-elle. Sauf si tu...

— Non, merci.

Je secoue la tête.

— C'est insensé...

— Qu'est-ce que je peux faire ? demande-t-elle. Dis-moi comment je peux t'aider.

C'est le néant dans mon esprit, tout est nébuleux. Mon portable retentit. Il n'a pas cessé de sonner ; chaque fois, je vérifie au cas où il s'agirait de Tony. C'est la seule personne à qui je veux parler.

— Appelle les gens, dis-je à Bea. Explique-leur que pour l'instant nous ne savons rien. Quand nous aurons des informations, je te préviendrai.

— Et je transmettrai.

Elle déploie des efforts surhumains pour retenir ses larmes, cela me fend le cœur. Nous sommes juste capables de hocher la tête et de serrer les lèvres en guise d'au revoir.

Je pense alors aux malentendants avec qui Lizzie travaillait. Quand une tragédie s'abat sur eux, arrivent-ils encore à faire des signes, ou leurs doigts leur font-ils défaut ? Mon cerveau est divisé en deux : un côté pense que je dois poser la question à Lizzie, pour connaître la réponse, et l'autre me rappelle que Lizzie n'est plus là. Et qu'elle ne reviendra jamais. Je conçois cette pensée, je forme les mots dans ma tête, mais ils ne riment à rien. L'ordinateur central dit non. Tu ne peux pas aller ici. Accès refusé. Mon cœur ne peut pas garder le contact avec ma raison, et je continue à imaginer comment décrire ce tumulte intérieur à Lizzie.

Nous écoutons les messages du répondeur à la fin de la journée. C'est une vraie torture d'entendre les gens exprimer leur choc, leur chagrin, leur compassion. Nous notons le nom de ceux qui ont appelé. Il y a un message de Rebecca, la meilleure amie de Lizzie.

— Je viens juste d'apprendre la nouvelle, dit-elle. Oh, Ruth, je suis tellement désolée. Si je peux faire quoi que ce soit...

Elle se met à pleurer. Le seul emploi de graphiste qu'elle ait trouvé depuis l'obtention de son diplôme se situe à Londres. Et comme elle n'a pas les moyens de louer un appartement dans la capitale, elle loge chez des amis et dort sur leur canapé.

Je m'arme de courage et la rappelle.

— Rebecca, c'est Ruth.

— Ruth, je suis tellement désolée.

— Je sais... Oh, Rebecca !

— Que s'est-il passé ?

— Nous ne savons pas vraiment, pour l'instant.

Je ne suis pas la seule à vouloir des réponses ; il est naturel de chercher à comprendre un événement aussi invraisemblable. J'ajoute :

— Il va falloir attendre un certain temps, je veux dire, pour les obsèques. Elles... euh... Il y aura aussi une autopsie indépendante, qui servira en cas de procès.

Car il y aura bien un procès, non ? Dans quel purgatoire vivrons-nous si nous n'apprenons jamais qui a tué Lizzie, si nous ne connaissons jamais la vérité ?

Tu étais alors un croque-mitaine. Je n'ai cessé de te trouver de nouvelles identités pendant cette interminable journée. Le désaxé vicieux, mû par une obsession fatale, celle de mettre à exécution tes menaces. Ces lettres de malade, ces affreuses mises en garde dont nous avons tous été les témoins passifs pendant des mois. Nous aurions dû agir, la protéger.

Ou bien je t'imaginais en rôdeur, un portrait-robot flou avec des yeux éteints, des tatouages artisanaux, espionnant par les fenêtres, surveillant la maison ou Lizzie. Scrutant. Attendant peut-être que Jack s'en aille. Pour faire quoi ? Quelles étaient tes intentions ? Avais-tu prévu de la tuer, ou la situation t'a-t-elle à ce point échappé que tu l'as frappée pour qu'elle se tienne tranquille ?

Je me suis demandé si tu avais dormi ensuite. Si tu t'étais roulé en boule quelque part, en sécurité, au chaud, les muscles détendus, ta respiration s'apaisant peu à peu, tes pensées s'évanouissant. Bien sûr, je préférais t'imaginer désespéré, écœuré, égaré, comme Raskolnikov dans *Crime et Châtiment*. En de brefs instants, je t'apercevais « revenant à toi », la culpabilité et l'horreur de ton geste devenant si énormes que c'en était insupportable et que tu devais passer aux aveux. Te dénoncer et implorer le pardon.

Déjà à cette époque, si je voulais tant savoir qui tu étais, c'était parce que j'avais besoin de blâmer quelqu'un. De haïr quelqu'un.

Ruth

CHAPITRE 5

Dimanche 13 septembre 2009

Comme promis, Tony revient vers 21 heures. Et je suis soulagée de le voir seul. Puis lui, Jack et moi prenons un verre et parlons de Lizzie. Une veillée impromptue.

Nous discutons, l'air incrédule, et nos phrases sont entremêlées de questions qui surgissent brusquement. Nous savons si peu de choses sur les circonstances du décès. À maintes reprises, nous sommes coupés dans notre élan, rattrapés par la réalité de sa mort. À intervalles réguliers, les vagues déferlent sur nous, froides et salées, une marée implacable.

Jack écoute d'un air absorbé les souvenirs que Tony et moi évoquons sur l'enfance de Lizzie. Sa naissance fut un cauchemar : le bébé étant en danger, on avait dû pratiquer une césarienne en urgence. Elle avait bousculé notre monde, pas forcément dans le bon sens du terme, au début. Après l'opération, j'avais été très affaiblie, et il m'avait fallu beaucoup de temps pour reprendre des forces. Lizzie pompait toute mon énergie. Elle avait des coliques et hurlait pendant des heures sans interruption ; à cause d'elle, j'étais coincée à la maison, épuisée, larmoyante et malade. Quand j'arrivais à sortir avec elle, où que nous allions, elle se mettait à pleurer. Elle ne prenait pas de poids, de sorte que j'avais l'impression d'être une mauvaise mère ; je dus renoncer à l'allaiter, mais le lait maternisé n'eut pour effet que d'aggraver ses coliques. Nous dépensions nos maigres ressources pour essayer tous les remèdes possibles : des massages du crâne, l'homéopathie, le reiki. Rien ne marchait.

Un soir, Tony rentra tard du travail et me trouva en pleurs dans la cuisine, alors que Lizzie hurlait dans le salon. Le four était tombé en panne tandis que des pommes de terre y cuisaient. C'était une rude journée d'hiver, et même avec le chauffage, il faisait froid. À l'époque, il n'y avait pas de double vitrage, et la maison était mal isolée.

— Je vais le réparer, m'assura Tony.

Il était capable de tout réparer.

— Mais, même si tu y arrives, il faudra au moins encore une heure de cuisson, et il est déjà 19 heures.

Lizzie pleurait toujours.

— Il faut peut-être changer sa couche ? demanda Tony.

— Je n'en ai pas la moindre idée. Va vérifier, si tu veux. Moi, je ne fais plus rien aujourd'hui. J'en ai marre. Marre de tout ça.

Il disparut dans le salon, je l'entendis prendre Lizzie dans ses bras, l'y faire sauter. Les hurlements s'arrêtèrent un instant, puis recommencèrent.

J'allumai une cigarette, sortis et fumai dans le vent glacial. Je me sentais trahie : ce n'était pas ainsi que j'avais imaginé l'avenir.

Quand je rentrai, les yeux humides et les doigts gelés, Tony me dit :

— Prépare-toi, nous sortons dîner.

— Mais le bébé ? répliquai-je avec dédain.

— Ma mère arrive.

— Je ne sais pas si c'est...

— Va te préparer, répéta-t-il en m'adressant un regard dur.

— Très bien ! rétorquai-je.

Je le laissai réchauffer le biberon, Lizzie pleurnichant dans son transat, et j'allai me changer. Je me sentais affreuse, informe, triste. Un bon shampoing et une coupe n'auraient pas fait de mal à mes cheveux gras. Je parvins toutefois à me rendre à peu près présentable en enfilant des vêtements qui n'empestaient pas le vomi de bébé. Quand sa mère arriva, on lui confia Lizzie.

Ce soir-là, on se rendit à Rusholme et on se régala d'un poulet au curry. La nourriture, le brouhaha rassurant du restaurant, le changement de décor eurent un effet tonifiant sur moi. Ma frustration, mon insatisfaction se dissipèrent, et je me fis violence pour profiter de ce moment alors que j'étais séparée de mon bébé. Ce soir-là, nous parvînmes même à parler d'autre chose que de Lizzie. Tony gérait depuis deux ans l'affaire que son oncle lui avait transmise, spécialisée dans la récupération d'accessoires d'intérieur, comme des carreaux teintés, des balustrades en bois, des vitraux, des manteaux de cheminée, des corniches, du lambris. Lors de la ruée massive vers l'aménagement et la modernisation, ils furent arrachés des anciennes villas et terrasses. Mais certaines personnes appréciaient encore le charme de l'ancien, et l'affaire de Tony prospérait.

Après le dîner au restaurant, nous nous rendîmes dans un pub. Nous n'étions pas sortis boire un verre tous les deux depuis la naissance de Lizzie. Après deux ou trois pintes de Guinness, je lui annonçai que je tenais absolument à reprendre le travail après mes six mois de congé maternité, mais à mi-temps si nous pouvions nous le permettre. Dans la foulée, je l'informai que je ne voulais pas d'autres enfants.

— Je sais que tout le monde dit ça au début, arguai-je, mais je ne me sens pas capable de recommencer.

— Ce sera sûrement différent, la prochaine fois, déclara-t-il.

— Non, répliquai-je, parce qu'il n'y aura pas de prochaine fois.

Je le pensais vraiment, et il fallait qu'il le comprenne.

— Si tu veux d'autres enfants, poursuivis-je, dis-le-moi franchement, car ne crois pas que je changerai d'avis. Ça n'arrivera pas.

— Écoute, répondit-il, je voulais être père, je voulais un enfant. Nous l'avons. C'est parfait.

Je scrutai alors attentivement ses yeux vert océan, et il soutint mon regard. Il était sincère avec moi.

Florence fut un tout autre bébé que Lizzie. Tout le contraire. Si elle était nourrie, propre et au chaud, elle était heureuse. Elle pleurait si elle avait besoin de quelque chose, mais sans pousser des hurlements furieux comme sa mère au même âge, ces cris stridents qui vous labourent le crâne et vous mettent les nerfs à vif.

— Quand Lizzie t'a rencontré, dis-je à Jack, quand vous avez commencé à sortir ensemble, elle était si… grisée.

Je me souviens de son explosion de joie quand elle nous avait dit :

— Celui qui jouait Cassius, avec les cheveux noirs.

Lizzie était interprète en langue des signes au Royal Exchange. Un de ses premiers gros contrats, elle en était pétrifiée. Au début, nous étions inquiets, car Jack vivait déjà avec quelqu'un, mais Lizzie nous avait convaincus que c'était un homme honnête. Il allait mettre sa partenaire au courant. Bien sûr, je ne pouvais pas m'empêcher de me faire du souci : s'il pouvait être volage une fois… Mais Lizzie savait que c'était l'amour de sa vie. Elle était certaine qu'ils vivraient ensemble.

Et elle avait raison. Jack quitta sa petite amie londonienne et emménagea à Manchester.

— Et quand tu l'as demandée en mariage !

Nous en rions rétrospectivement, et une nouvelle vague de honte me submerge : Lizzie est morte, je ne devrais plus jamais rire.

Les hommes devinent ce qui m'arrive, et Tony déclare, en me regardant droit dans les yeux :

— Ce n'est pas grave.

Au bout de quelques instants, Jack reprend :

— Elle était gênée.

— Mais ça lui plaisait, le côté romantique.

Sept mois après leur première rencontre, Jack jouait dans *What the Butler Saw* à Birmingham, tandis que Lizzie en effectuait l'interprétation en langue des signes.

À la fin de la représentation, après le rappel, Jack resta sur scène, et le technicien, qui était dans la confidence, exécuta un roulement de tambour, alertant les spectateurs qui étaient déjà debout, prêts à partir. Lizzie se tenait sur le côté de la scène, près des coulisses.

Jack s'était entraîné pour le message qu'il exprima alors en langue des signes. Au début, elle demeura immobile, se contentant de rougir.

— Elle avait été tellement surprise...

Jack refit les mêmes signes : *Lizzie, je t'aime. Je veux passer le reste de ma vie avec toi. Veux-tu m'épouser ?*

S'empourprant de plus belle, elle se leva et traduisit ces signes en mots pour les spectateurs.

Un silence fébrile tomba sur le théâtre, quelques sifflements fusèrent, puis quelqu'un cria : « Dis oui ! »

Des éclats de rire s'élevèrent dans le public. Alors Lizzie se tourna vers Jack.

Oui, je le veux. Je t'aime.

Puis elle prononça les paroles à voix haute. Les spectateurs se mirent à applaudir, poussèrent des hourras et des sifflements.

Aucun de nous n'avait envie de briser notre petit cercle, mais finalement, à presque 2 heures du matin, Tony appela un taxi, et Jack nous souhaita bonne nuit.

Lizzie avait le cœur brisé quand nous nous sommes séparés. Est-ce différent pour d'autres enfants ? Y en a-t-il qui accueillent la séparation comme un soulagement, la fin des hostilités ? Sans doute.

Elle avait juste quinze ans quand le grabuge de nos différends se heurta au traumatisme de sa propre adolescence. Parfois, on aurait dit que nous étions trois adolescents rivalisant les uns avec les autres : à qui claquerait la porte le plus violemment, se murerait le plus longtemps dans le silence, crierait le plus fort.

Dans mes souvenirs, cette période dura des années ; en réalité, elle n'excéda pas trois ou quatre mois. Nous n'étions pas complètement idiots et, bien qu'embourbés dans notre douleur, nous étions conscients que cela faisait du mal à Lizzie.

Ce fut le plus grand choc de ma vie.

Avant celui-ci.

Un jour, Tony n'alla pas travailler. Pour ma part, je faisais la fermeture de la bibliothèque, et Lizzie était partie à l'école.

— Tu ne vas pas travailler, aujourd'hui ? lui demandai-je alors.

Il passait son temps à travailler, profitant des longues soirées de la saison, la région connaissant une nouvelle vague d'essor immobilier.

— Je dois te parler, m'annonça-t-il, le regard fuyant.

De quoi ? Je n'en avais pas la moindre idée.

Nous étions assis à la table de la cuisine. Je déglutis. Je ne voyais pas du tout de quoi il s'agissait, mais des hypothèses finirent par me traverser l'esprit : des ennuis financiers, un problème de santé, une autre discussion sur un possible déménagement (tous les deux ou trois ans, nous recommencions le même cinéma, visitions quelques bicoques que nous pourrions retaper puis revendre en faisant une plus-value ; mais nous n'avons finalement jamais pris le taureau par les cornes).

— J'ai rencontré quelqu'un, déclara-t-il.

Je le regardai fixement, me raccrochant à la possibilité d'avoir mal entendu, attendant une éventuelle suite, une chute, une autre phrase qui m'aurait permis de me redresser et de respirer de nouveau.

Devant mon silence, il toussota.

— C'est sérieux, reprit-il.

Et il croisa les mains, ses grandes mains robustes, grattant une croûte avec un de ses ongles.

— Qui est-ce ?

J'avais finalement retrouvé ma voix.

Il cligna des yeux, et je ne sus pas identifier ce que je devinais vaguement dans ses iris verts : était-ce de la honte ou de la gêne ?

La gorge sèche, je me levai d'un bond pour aller me servir un verre d'eau, bus une gorgée. Puis je me tournai vers lui, répétant ma question.

— Elle s'appelle Denise.

Je ne connaissais pas de Denise.

— Où l'as-tu rencontrée ? Qui est-ce ?

J'avais l'impression que mon visage était bizarre, comme si je ne pouvais plus contrôler mes muscles. Des tics nerveux faisaient frémir mes joues, me picotaient les lèvres.

— Au cabinet de kiné, c'est là qu'elle travaille.

Tony s'était blessé à l'épaule en soulevant des charges trop lourdes au travail, et comme la douleur persistait, j'avais insisté pour qu'il consulte son généraliste qui lui avait prescrit des séances de kiné.

Je me mis à rire, nauséeuse.

— Elle cherchait une cheminée.

Et elle a trouvé un amant par-dessus le marché.

Il poussa un long soupir, puis fit la grimace.

— Écoute, si c'est juste une aventure…

J'étais prête à lui pardonner, à oublier, à battre en retraite. Mon cœur se brisait à l'idée qu'il puisse me quitter.

— Non, ce n'est pas une aventure, je ne peux pas me passer d'elle.

Je me tournai vers la fenêtre. Je ne pouvais être témoin de cette scène, de ce qu'il disait, de la force de ses sentiments.

— Espèce de salaud ! m'écriai-je.

— Ruth !

— Fous le camp !

Je jetai mon verre, savourant le bruit qu'il fit quand il se fracassa contre le mur et le spectacle de l'eau éclaboussant les étagères et le sol.

— Va-t'en ! criai-je.

Il voulut parler, dire quelque chose sur les affaires à régler et Lizzie, mais j'étais blême de rage.

Ce jour-là, j'appelai la bibliothèque pour dire que j'étais malade, et je l'étais réellement. J'étais dévastée, meurtrie. Me mettant au lit, je pleurai et hurlai, m'arrachant les cheveux. Que s'était-il passé ? Visiblement, il ne m'aimait plus alors que moi si, mais où s'était volatilisé cet amour ? Nous étions ensemble depuis dix-neuf ans. Dix-neuf ans !

Lizzie ressentit la même indignation que moi quand nous lui apprîmes finalement la nouvelle. Il nous aurait été facile, à elle et moi, de former une petite cabale, de l'exclure, de nous serrer les coudes et de décortiquer sa trahison pour le tourner en ridicule. Ou de le forcer à choisir entre Denise et sa fille. Mais je m'y suis refusée. Je ne voulais pas me couler dans le stéréotype de la femme trompée, froide, acerbe et impitoyable. Tout comme je ne souhaitais pas que Lizzie paie les pots cassés de cette rupture.

Oui, j'étais blessée, et il m'a fallu beaucoup de temps pour me sentir de nouveau en paix avec moi-même. Pour accepter ma solitude. Quatorze ans plus tard, je dois bien avouer qu'il y a toujours quelques restes. Des cicatrices, sans doute, qui démangent encore et font mal de temps en temps.

J'ai bu au moins une bouteille de vin et je ne ressens pas la moindre ivresse. J'ai l'impression que tout mon corps est contusionné, mes muscles me font souffrir, mon dos est douloureux quand je m'étire ou si je respire à fond. Comme si j'avais eu un accident.

Milky monte à l'étage avec moi, se heurte à ma porte fermée et miaule, mais je lui ordonne de se taire. Il s'éloigne. Mais quand j'entre dans la chambre d'amis après un rapide passage dans la salle de bains, il me fait presque trébucher...

Sur l'oreiller, des débris sanguinolents, une demi-aile, des plumes humides et un bec. Un oisillon mort...

Je retiens un cri de surprise, vais chercher de l'essuie-tout puis redescends pour jeter l'animal dans la poubelle à compost. Milky sur mes talons, je remonte.

Je dors par à-coups, me réveille brusquement quand je suis sur le point de m'assoupir, le chat à mes pieds. Des questions tournent en boucle dans mon cerveau. Est-ce qu'elle s'est vue mourir ? A-t-elle souffert ? A-t-elle crié ? Supplié ? Quels furent ses derniers mots ?

Traumatisme causé par objet contendant et choc violent.

Combien de fois l'a-t-il frappée ? Avec quoi ? A-t-il compté ? Lui a-t-il aussi donné des coups de pied ? L'a-t-il violée ? Pourquoi l'avoir tuée, elle, ma Lizzie ? Pourquoi ?

Quand je succombe au sommeil, celui-ci est agité de rêves sombres noyés de sang, mes bras sont chargés d'une multitude de choses mortes qui ne se réveilleront jamais plus.

CHAPITRE 6

17 Brinks Avenue
Manchester
M19 6FX

Tôt le lundi matin, j'éprouve un bref instant de calme en revenant à moi dans le lit de la chambre d'amis. Puis la réalité me rattrape brutalement. Je la reçois en pleine face avec la violence d'un coup de marteau. Le choc se répercute dans tout mon corps, une secousse électrique qui laisse dans son sillage le sentiment écrasant que j'ai commis un acte épouvantable. Semblable à de la culpabilité ou de la honte, l'émotion vient se loger froidement et lourdement au creux de mon ventre. Sans logique, mais viscérale. Je n'essaie même pas de l'analyser.

Il est 6 heures, tout le monde dort encore. À l'extérieur, il pleut, un crachin brumeux, la lumière est d'un gris mauve.

Par habitude, je verse du müesli dans un bol et ajoute du lait. La première bouchée me donne une nausée aussi violente que celle d'une future mère… D'une mère sans futur ? Un bandeau de sueur froide m'enserre aussitôt la tête, ma salive s'épaissit, et un spasme me soulève l'estomac.

Agitée, me sentant soudain prisonnière de la maison, je laisse un petit mot sur la table et sors faire un tour. Les premiers banlieusards sont déjà dans la rue, marchant d'un pas rapide jusqu'à la gare, ou passant devant moi dans des voitures dont ils sont les seuls occupants. Personne ne m'adresse la parole, mais je garde le nez baissé, au cas où. Ici, nous avons tendance à échanger des signes de tête ou un sourire quand nous nous croisons ;

mon comportement indique donc que je ne suis pas disponible. Je suis invisible. Une vieille femme échevelée dans son imperméable, avec des chaussures sales. Par chance, je ne rencontre personne de ma connaissance.

C'est comme si tout me parvenait à travers un filtre, la pluie rendant le monde encore plus flou. Je me dirige jusqu'au parc, sans prêter attention aux joggeurs ni aux promeneurs de chiens. En ce jour funeste, un érable du Japon rougeoie de façon lumineuse. Approchant du verger, je remarque des pommes dans les arbres. Pourrais-je en manger une ?

L'année dernière, nous avons accueilli un projet à la bibliothèque, en collaboration avec le programme Sure Start, dédié à la petite enfance. Les enfants sont venus ici, ont ramassé des pommes et se sont ensuite rendus à la bibliothèque pour assister à un spectacle de marionnettes sur l'alimentation. Ils ont alors pu manger leur récolte, après l'avoir lavée. Trois arbres portent des étiquettes. Je repère la variété Cox's Orange Pippin, ma préférée, en arrache une à sa branche, frotte le fruit sur ma veste et croque dedans. C'est acide et vif, et cela me pique les papilles. J'en ai les larmes aux yeux. Tous ces mythes sur les pommes synonymes de mal : Blanche-Neige qui s'empoisonne, Ève et le serpent. Je ne tenterai pas le sort. La mort est déjà venue frapper à ma porte.

Lizzie est partout dans le parc : dans son landau, sur la cage d'écureuil ; encore que l'ancienne était en métal gris terne, bien solide, pas en bois avec des wigwams en corde, comme celle dans laquelle joue Florence, aujourd'hui. Lizzie sur le dos, faisant un caprice en bonne et due forme, essayant de me donner des coups de pied quand je voulais la relever, le visage rouge de colère, les cheveux encore couleur caramel, avant que le blond ne domine. Blonde, je l'étais moi aussi autrefois ; désormais, j'ai les cheveux blancs, ce qui est toujours mieux que gris, même si je parais plus vieille que mon âge. Lizzie dans les champs lors de ces joyeuses journées en famille. Et plus tard, adolescente, bras dessus, bras dessous avec ses copines sur les bancs verts, autour du terrain de pétanque, fumant des joints.

J'arrive à grignoter la moitié de la pomme, puis mon estomac proteste. Alors je laisse le reste aux oiseaux.

Quand je rentre à la maison, Jack et Florence sont dans la cuisine. Elle est en train de manger des céréales en chantonnant. Je ne reconnais pas la mélodie. Que peut-il bien se passer dans sa tête ? A-t-elle compris ce qu'on lui a dit ? Dois-je également aborder le sujet avec elle ? Je ne suis pas certaine de pouvoir le faire sans m'effondrer. Je me souviens de ma propre panique, profonde et immense, quand, enfant, ma mère pleurait devant moi.

— J'ai reçu le rapport de l'autopsie, m'annonce Kay à son arrivée. Vous préférez qu'on attende Tony ? Ou je vous le lis séparément ?

— Je vais l'appeler, dis-je.

Tony porte les mêmes vêtements que la veille. J'hésite, mais il s'approche de moi, me serre de nouveau dans ses bras, et je lui en suis reconnaissante. Nous sommes ses parents, après tout ; personne d'autre ne peut partager notre perspective. Toutes nos disputes et animosités, l'amertume et la peine, sont maintenant mises de côté.

Nous nous installons autour de la table de la cuisine et préparons du thé. La seule chose que je puisse avaler. Dans le salon, je mets le DVD de *Kung Fu Panda* et laisse la porte ouverte afin que Florence, accrochée aux jambes de Jack, l'entende. Quelques minutes après, elle se glisse dans la pièce d'à côté, puis revient, à deux reprises. La troisième fois, elle reste devant l'écran.

— Elle s'assure que tu es toujours là, dis-je à Jack, au cas où toi aussi tu disparaîtrais. A-t-elle dit quelque chose ?

— Non, rien.

Doit-on s'inquiéter de sa réaction ? Je l'ignore.

Kay tient le document officiel à la main. Nous nous taisons, et elle s'éclaircit la voix, puis nous le lit.

— L'autopsie a eu lieu hier après-midi, chez le Dr Hathaway. C'est l'un des médecins légistes de notre région habilités par le ministère de l'Intérieur. Elle a commencé à 14 h 15 et a duré deux heures et demie.

C'est précis, mais les détails sont utiles. Il est impossible d'accepter le meurtre de Lizzie, de le concevoir ; en revanche, les chiffres, les noms, les procédures permettent de se raccrocher à quelque chose. Telles des béquilles, ou des prises sur la falaise que nous devons escalader. Ne risquons-nous pas de tomber à chaque instant ?

Il est glacial, notre voyage, et nous n'en connaissons pas l'itinéraire, mais les faits sont comme des étincelles de lumière, des allumettes qui brûlent une seconde, avant d'être éteintes par une violente bourrasque.

— Plusieurs coups ont été assenés à Lizzie, à la tête, aux épaules, au bras droit. Une douzaine de coups, au moins.

Je me mets à trembler, de partout, de façon incontrôlable.

— Continuez, dis-je malgré tout.

— L'arrière du crâne était...

— Est-ce vraiment nécessaire ? explose alors Tony. Sommes-nous obligés d'écouter...

— Non, répond immédiatement Kay.

— Moi, je veux, dis-je. Je veux savoir. Tout savoir.

C'est vrai. C'est un vide, une faim dévorante que je ne peux rassasier. Le gouffre laissé par l'absence de Lizzie est immense. Insondable. J'ai besoin de le remplir avec tout ce que je peux glaner. Peu importe le contenu du rapport, la vérité sera toujours moins sordide que ce que j'imagine.

— Tony, vous préférez attendre ? questionne Kay.

— Ça ira... Juste...

Tony se bâillonne la bouche avec les mains et ferme les yeux.

Jack demeure silencieux, tremblant aussi fort que moi.

— L'arrière du crâne de Lizzie comportait de multiples fractures, l'orbite de l'œil droit était fracturée, ainsi que le nez et le cubitus droit. La cause du décès est liée à un traumatisme provoqué par un objet contondant. Il est possible qu'elle soit morte dès les premiers coups.

Je me demande comment ils peuvent savoir cela.

— L'arme était longue et étroite, cylindrique, et il est presque certain qu'il s'agit du tisonnier retrouvé sur la scène du crime, affirme Kay.

— Oh non ! dis-je dans un souffle.

— Un tisonnier ? répète Tony.

Les accessoires pour la cheminée. Des accessoires d'époque. Il les avait offerts à Lizzie et Jack quand ils avaient installé leur poêle à bois. On peut se procurer des modèles modernes presque identiques, en fonte noire. La pelle à cendres, les pinces, la brosse et le tisonnier.

Jack presse un poing contre son front, fermant à nouveau les yeux pendant quelques instants.

— Il pourrait y avoir des empreintes ? demande-t-il, en regardant Kay.

— Je ne sais pas, dit-elle. Nous devrons attendre un peu avant d'avoir les résultats. Les enquêteurs devront aussi relever les empreintes digitales, les empreintes de pas, tout ce qu'ils pourront trouver. Les traces d'ADN sur le corps de Lizzie. Son épiderme a été essuyé, ses cheveux brossés, ses ongles grattés. Ce sont toutes des zones où l'agresseur a pu laisser des indices qui nous aideront à l'identifier.

— A-t-elle été violée ?

Ma voix est inégale.

Jack se raidit, et Tony s'affaisse sur son siège.

— Rien ne l'indique.

Kay attend pour voir si nous avons des questions avant de poursuivre.

— L'autopsie a révélé autre chose, déclare-t-elle alors. Lizzie était enceinte.

— Non ! s'écrie Jack.

Tony et moi échangeons un regard, tous les deux abasourdis.

— Une gestation de sept semaines. Des jumeaux. Vous n'étiez pas au courant ? demande-t-elle à Jack.

Il secoue la tête, les larmes aux yeux.

Les réverbérations de cette bombe résonnent dans le silence qui suit. Tous les futurs qui auraient pu exister. Des frères, des sœurs, ou l'un et l'autre pour Florence. Lizzie derrière une poussette à deux places. L'espoir et les promesses portés par les nouveau-nés.

Jack se lève brutalement et monte à l'étage. Nous l'entendons vomir, d'âpres haut-le-cœur.

— Et Broderick Litton ? questionne Tony.

— Nous ne l'avons pas encore localisé.

— Pourquoi ? dis-je. Avec toute la surveillance dont on dispose, les caméras partout, la bureaucratie, Internet...

— Si les gens veulent échapper à tous les radars, c'est possible, vous savez, répond Kay.

Pas de salaire, ni de sécurité sociale, pas de médecin traitant, ni d'immatriculation de véhicule, pas de compte bancaire.

Tu dois vivre dans la rue, me dis-je.

— Nous cherchons toujours, ajoute-t-elle.

Je me demande où tu es. Où tu te caches. Si tu as pris la fuite, pour Londres, l'Espagne, ou si tu es parti à l'autre bout du monde. À moins que tu ne sois toujours ici, à Manchester, que tu guettes les dernières informations, soulagé que l'assassin de Lizzie ne fasse plus la une des journaux. Trouves-tu une excuse pour changer de chaîne quand on en parle, ou as-tu l'audace d'émettre des commentaires ? J'espère que tu es paralysé par la peur. Que tu es incapable de manger, de dormir, de penser. Que tu comptes les minutes jusqu'au moment où la police viendra frapper à ta porte pour t'arrêter.

Ruth

CHAPITRE 7

Lundi 14 septembre 2009

Marian et Alan, les parents de Jack, viennent à la maison. Jack les a vus brièvement à l'hôtel, hier soir. Après quelques minutes délicates où ils nous présentent leurs condoléances et expriment leur choc et leur incrédulité, je les laisse, leur demande de m'excuser, car j'ai besoin de me reposer. De fait, il y a trop de monde chez moi, et je pense qu'ils ont besoin de discuter seuls à seul avec leur fils. Je crains aussi, si je ne souffle pas un peu, de m'effondrer physiquement. Je n'ai jamais aimé les mélodrames, et me retrouver sur les rotules ne ferait qu'accroître le stress de chacun.

Mon cœur est douloureux dans ma poitrine, une souffrance sourde, comme s'il était gonflé, et il bat trop vite. J'enlève mes pantoufles et m'allonge sur le dos ; j'essaie alors de respirer plus lentement, de délier les nœuds dans mon estomac, d'apaiser la tension dans mes épaules. Ça ne marche pas : dès que je cesse de me concentrer, ce qui m'arrive constamment, je retiens mon souffle. Je tente quelques mouvements de yoga enfouis dans ma mémoire depuis des années, sans succès. Mon corps se rebelle.

Fermant les yeux, je me focalise sur les sons : les oiseaux dans le jardin, un bus qui démarre, un tintement de casseroles, en bas, le tic-tac des radiateurs, quelques bribes du DVD de Florence. J'ai des acouphènes dans les oreilles, un bourdonnement continuel. Ce pourrait être une machine quelque part, mais c'est probablement un bruit dans ma tête.

Dois-je consulter mon généraliste pour la douleur qui me brûle la poitrine ? J'ai déjà un traitement, car j'ai du cholestérol ;

quelqu'un d'ailleurs a évoqué mon médecin, Tony ou Kay, je ne me souviens plus. Pour des tranquillisants ou des somnifères.

Le tisonnier. Une douzaine de coups. Des jumeaux.

Tout comme les vrombissements dans mes tympans, les images, les détails s'ébattent dans mon cerveau.

C'était la chambre de Lizzie, ici.

La pièce où se trouvait son petit lit, encore qu'en raison de ses pleurs incessants elle dormait avec moi la première année, Tony passant la nuit sur un matelas posé à même le sol. Quand elle a su marcher et parler, les pleurs se sont apaisés, et nous l'avons remise dans cette chambre. Elle est passée de son couchage de bébé à un lit pour enfant. Puis est venu le temps des lits superposés et des nuits chez les copines, des posters sur les murs, et d'un bureau pour travailler. Si vite. Tout est allé si vite.

La chambre a changé, depuis : après le départ de Lizzie à l'université, je l'ai rénovée. J'ai alors commencé à la louer, pour de courtes durées, à des acteurs de passage à Manchester jouant au Lowry, au Royal Exchange, au Contact ou au Palace. Je l'ai équipée d'une petite télévision et d'un lecteur DVD. Lorsque nous nous entendons bien, nous regardons des émissions ensemble sur le grand écran, en bas. Avoir de la compagnie, c'est agréable, et quand j'ai de nouveau toute la maison pour moi, j'apprécie ma liberté retrouvée. Cela m'aide à payer les factures ; en outre, j'ai rencontré au fil des années des personnes charmantes. De cette façon, j'ai vu aussi de nombreux spectacles, au théâtre.

— La commissaire Ferguson veut vous voir, déclare Kay. C'est elle qui est en charge de l'enquête. Cet après-midi, ça vous convient ? Et pour Tony, ça irait aussi ?

— Je vais lui demander.

— Avez-vous mangé quelque chose ? s'enquiert-elle.

— Je n'y arrive pas.

— Un peu de soupe, suggère-t-elle. Votre amie Bea est passée pendant que vous vous reposiez. Elle a apporté des poireaux et des pommes de terre. Ainsi qu'une baguette.

— Il faut que je l'appelle.

— Elle a dit qu'elle repasserait ce soir, sauf si vous lui envoyez un texto, ajoute Kay.

— Où sont les autres ?

— Ils ont emmené Florence à la bibliothèque.

— La bibliothèque ?

— Oui. Ça ne vous dérange pas ? Ils lui ont demandé où elle voulait aller, et c'est ce qu'elle a répondu.

Ce qui se conçoit. C'est un endroit familier, sûr, accueillant. Le personnel connaît Florence à travers moi, et Jack l'emmène souvent à des lectures, ou à des événements que nous organisons. Je m'apprête à lui répondre, à lui confier quelque chose sur ma vie là-bas et le métier que j'y exerce depuis toujours, lorsque la douleur dans ma poitrine s'intensifie au point que la tête me tourne. Je tends la main, mais ne trouve rien à quoi me raccrocher ; alors je sens que je vacille. Je bascule en arrière, mes os se liquéfient.

Le docteur, qui exerce dans le même cabinet que mon généraliste mais que je n'ai jamais vu, écoute mon cœur et prend ma tension. Il connaît la situation et me conseille d'essayer de manger, peu mais souvent, et d'augmenter la quantité de liquides que j'absorbe. Selon lui, je suis déshydratée et en état de choc.

— Votre cœur semble fonctionner parfaitement, pas d'arythmie notable. Votre tension est élevée, mais c'est prévisible, vu les circonstances. Je ne suis pas inquiet outre mesure, conclut-il.

Outre mesure... Qui emploie encore ce genre de termes, aujourd'hui ?

Il me rédige une ordonnance pour un tranquillisant pas trop fort, au cas où j'en aurais besoin.

Je m'enquiers :

— Et les effets secondaires ? Ça crée une dépendance ?

— Pas sur une courte période, ni à cette dose-là, répond-il. Il y a beaucoup d'effets indésirables. Ils sont répertoriés sur la notice, mais les plus communs sont une sensation de détachement...

N'est-ce pas précisément l'effet recherché ?

— ... de somnolence et de bouche sèche.

Ai-je envie d'être détachée ? Si j'étouffe mes émotions, ne risquent-elles pas de s'aiguiser, de se tapir au fond de moi pour me tendre un guet-apens une fois les médicaments arrêtés ?

— Je ne suis pas certaine de vouloir en prendre, lui dis-je.

— C'est à vous de décider. La prescription est valable six mois, quoi qu'il en soit. Et si vous avez besoin d'autre chose, appelez le cabinet.

Marian et Alan ramènent Florence ; elle se cramponne à une pile d'albums qui menacent de lui faire perdre l'équilibre. Ils ont prévu d'aller faire du shopping pour nous. Marian est vigoureuse et pragmatique, elle parle trop, fait continuellement des commentaires. Elle a sans doute peur de s'effondrer si elle s'arrête pour réfléchir à la situation. Alan est réservé, s'exprime pour approuver ses remarques ou fait écho à ses pensées. Nous ne les avons rencontrés qu'en de rares occasions, au mariage, une fois avant et ensuite pour la fête donnée lors du premier anniversaire de Florence. Je regarde Marian qui réchauffe la soupe et parle des jardins ouvriers et des potagers. Des légumes cuisinés maison. Elle parvient à discourir sur la soupe pendant cinq bonnes minutes.

Résidant dans l'East Anglia, ils voyaient moins Jack, Lizzie et Florence que Tony et moi. Que va-t-il se passer, maintenant ? Jack aura-t-il envie de partir, d'aller vivre là-bas, d'y emmener Florence ? À cette pensée, la panique m'envahit, et je m'agrippe au rebord de la table. Lorsqu'ils sont prêts à partir pour les courses, je demande à Marian si elle peut passer prendre mes médicaments à la pharmacie.

Je n'arrive pas à faire face à tous les gens qui viennent à la maison pour nous réconforter. Cela semble cruel de ne pas les recevoir, aussi Kay me propose-t-elle de jouer les intermédiaires : elle expliquera que nous leur sommes reconnaissants de leurs marques de soutien, mais que nous sommes encore sous le choc et que nous ne pouvons les accueillir.

On nous envoie des cartes de condoléances : les voisins, les collègues, les amis. Il me faut chaque fois dix minutes et effectuer plusieurs fois le tour de la maison pour trouver mes lunettes. Je ne cesse d'égarer mes affaires. Comme si, ayant perdu Lizzie, je perdais tout.

J'ouvre une nouvelle série de cartes.

— C'est ton anniversaire ? me demande Florence en inclinant la tête de côté.

— Non. On nous envoie ces cartes parce que maman est morte. Les gens savent que nous sommes tristes. Ils pensent à nous.

Son visage se referme, et elle descend de sa chaise. Je la rejoins dans le salon.

— Où est papa ?

— Parti prendre une douche. On a le droit d'être triste, tu sais, dis-je. Tout le monde l'est.

— Pas moi, décrète-t-elle avant d'ajouter : Ce livre !

Et elle me tend un exemplaire usagé de *Prune, pêche, poire, prune*, un album qui traverse les époques : je me rappelle que je le lisais à Lizzie.

— D'accord.

Je m'assieds sur le canapé, et elle grimpe sur mes genoux.

Nous prononçons les paroles des comptines en même temps, et elle secoue la tête de gauche à droite en chantant, désignant du doigt les personnages cachés sur les pages : la mère Hubbard, Cendrillon, Robin des Bois.

Alors, pendant quelques minutes, Florence et moi nous échappons, nous redescendons la rivière, dévalons la colline avec Jack et Jill, et grimpons aux branches du grand arbre.

CHAPITRE 8

17 Brinks Avenue
Manchester
M19 6FX

La commissaire Ferguson étreint ma main entre les siennes ; sa poigne est ferme. Elle me regarde droit dans les yeux et déclare :

— Je suis profondément désolée. Nous ferons tout notre possible pour découvrir ce qui s'est passé et pour que l'auteur de ce crime soit puni.

Elle jette un coup d'œil autour d'elle.

— M. Tennyson est-il là ? s'enquiert-elle.

— Je vais le chercher. Tony, M. Sutton, va arriver d'un instant à l'autre.

Nous nous rendons dans la salle à manger. C'est ainsi que j'appelle cette pièce, même si personne n'y mange jamais. Je l'utilise pour y entasser mon fatras, m'y livrer à mes hobbies et y stocker des affaires. La commissaire retire sa veste et en drape le dos d'un siège. Elle est petite comparée à Kay, elle est plus proche de ma taille, mais plus mince que moi. C'est une femme noire, aux vêtements soignés et aux cheveux tirés en un haut chignon, avec des lunettes à montures bariolées de motifs rouges, blancs et beiges, et la bouche rehaussée d'une touche de corail.

On sent en elle une énergie contenue, comme si elle était désœuvrée et prête à prendre son envol à toute vitesse. Cela se voit dans l'intensité de son regard, ses yeux brillants et le débit de ses paroles. Quand elle se tait, il persiste sur ses lèvres l'ombre d'un sourire, comme si la vie était exactement telle qu'elle l'avait souhaitée. Elle se lève pour saluer Jack et Tony.

Quand tout le monde est installé, elle déclare :

— En tant que commissaire divisionnaire, je suis chargée de l'enquête sur le meurtre de Lizzie. Kay continuera à vous apporter son soutien et vous transmettra toutes les informations importantes, mais si vous éprouvez le besoin de vous adresser directement à moi, si vous avez des préoccupations particulières ou des questions auxquelles Kay n'est pas en mesure de répondre, alors n'hésitez pas à faire appel à moi. Je vous laisserai ma carte avant de partir. Ce qui est arrivé à Lizzie est tout simplement impardonnable.

J'essaie de ne pas pleurer, car il faut que j'entende ce qu'elle a à nous dire.

— Personne ne devrait perdre une épouse, une fille, une mère, une amie de cette façon. Il se peut que vous ayez l'impression d'avoir peu d'informations, que l'enquête ne progresse pas assez vite, mais je tiens à vous rassurer : nous avançons. Les résultats de l'autopsie, que Kay vous a communiqués, nous ont permis d'établir la cause de la mort, mais aussi de relever un certain nombre d'indices pertinents que nous sommes en train d'examiner, tout comme les preuves prélevées sur la scène du crime. Mais ce n'est pas comme à la télévision. Pour certains tests médico-légaux nécessaires à la progression de l'enquête, il suffit de quelques jours. Pour d'autres, il faut attendre des semaines. On ne peut pas accélérer le processus. Ces tests doivent être menés selon un protocole rigoureux et être suffisamment substantiels pour permettre les poursuites.

— Le téléphone de Lizzie, dis-je, en pensant au texto qu'elle m'a adressé, s'en est-elle servie pour appeler à l'aide ?

— Non. Son téléphone a été retrouvé au domicile, et elle ne l'a pas utilisé après le SMS qu'elle vous a envoyé, répond la commissaire Ferguson.

Elle n'a pas eu la possibilité de l'utiliser, peut-être n'était-elle pas consciente du danger. Peut-être ne s'est-elle pas rendu compte de la menace. J'imagine Florence endormie pendant que le carnage a lieu en bas. Kay lui a demandé si elle avait vu ou entendu quoi que ce soit le soir où sa mère avait été agressée, mais Florence s'est contentée de secouer la tête en signe de négation.

— Nous continuons à recueillir des renseignements en porte-à-porte, les appels spontanés sont pris en compte et vérifiés. Les policiers visionnent les enregistrements des caméras de surveillance du quartier afin d'identifier éventuellement l'auteur du crime.

— Broderick Litton ? dis-je.

— Nous ne l'avons pas encore retrouvé, déclare la commissaire Ferguson.

— Il court toujours, renchérit Tony avec ardeur, et...

Ses traits se décomposent.

— Je peux vous assurer que nous mettons tout en œuvre pour le localiser, et nous vous préviendrons dès que ce sera chose faite.

Elle se tourne vers Jack.

— Nous avons interrogé l'homme qui est entré par effraction dans la propriété de votre voisin, mardi soir. Il a avoué avoir aussi pénétré dans votre jardin, mercredi.

Je retiens ma respiration.

— Mais nous l'avons éliminé de notre liste de suspects.

— Comment ça ? demande Jack.

— Il a un alibi en béton pour samedi soir.

— Vous êtes certaine ? rétorque-t-il.

— Oui, répond la commissaire.

Des questions se bousculent dans mon esprit : *Qui ? Pourquoi ? Comment ?*

— Pouvons-nous faire quelque chose ?

La commissaire Ferguson acquiesce d'un mouvement de tête.

— Oui, de deux manières, mais vous n'êtes absolument pas obligés d'accepter. Les familles réagissent chacune à leur façon, et ce qui convient à certaines ne sera pas adapté à d'autres.

— De quelles manières ? s'enquiert Jack.

— Nous aimerions que vous passiez vous-mêmes un appel à témoins. Une phrase de vous, résumant quelle sorte de personne était Lizzie, serait fort utile. Nous souhaitons que l'opinion publique continue à nous apporter son concours, nous voulons que Lizzie soit aussi réelle que possible pour les gens qui ne la connaissaient pas. On note déjà un haut degré d'intérêt pour l'affaire en raison des circonstances du meurtre, car c'était une jeune femme ordinaire, une mère pensant être en sécurité chez elle.

Comme nous tous.

— Des anonymes ont également déposé des fleurs devant le domicile, pour vous témoigner leur soutien. Si vous désirez en apporter vous aussi, nous pourrons arranger ça, et si vous êtes d'accord, filmer ce moment, que nous intégrerons à notre prochain communiqué de presse. Encore une fois, ce sera comme vous le souhaitez.

— Vous voulez que ça passe aux informations ? demande Tony.

— Tout à fait, répond vivement la commissaire.

— Oui, nous vous aiderons, dis-je en regardant Jack, qui hoche le menton en signe d'acquiescement.

— Oui, renchérit Tony.

— Merci. Kay vous fournira les détails. Et maintenant, avez-vous des questions ? Si je peux y répondre, je le ferai.

Marian et Alan achètent des plats préparés pour le dîner, ce soir-là. Ma table n'a que quatre chaises, mais nous nous serrons, rejoints par Tony et Denise. Jack raconte à ses parents que l'on va lancer un appel à témoins, puis la conversation se poursuit tranquillement, chacun n'abordant pour l'essentiel que des sujets inoffensifs. Nous sommes tous trop abasourdis pour évoquer encore le meurtre de Lizzie. Les médicaments ont commencé à faire leur effet, j'ai l'impression d'être droguée.

Marian et Alan retournent à leur hôtel, Kay rentre chez elle, Tony et Denise s'en vont, et Bea arrive. Nous nous étreignons pendant un long moment. La mort a ce pouvoir : soudain, le contact entre les êtres, les marques physiques d'affection et de réconfort sont instinctives. On les reçoit et on les donne librement.

Nous nous installons dans la cuisine, et Bea prépare du café.

— Bon sang, Ruth, je ne sais pas quoi dire ! Tout ça me semble si irréel.

— À moi aussi, et pourtant, je l'ai vue. Peut-être que si j'avais eu le cran d'aller l'identifier…

Une douzaine de coups, au moins. Sur le visage.

— T'autoriseront-ils à la voir une dernière fois ?

Je hausse les épaules.

— Demande-leur, dit-elle.

— Elle était enceinte, Bea.

Ses lèvres se mettent à trembler.

J'essaie de garder une voix normale.

— Des jumeaux, elle en était à sept semaines.

— Oh, Ruth ! C'est épouvantable. Qui que ce soit, j'espère qu'il résistera lors de son arrestation et que les policiers devront le flinguer.

Elle repose si brusquement la cafetière que je crains que le verre ne se fissure.

— Non, ne dis pas ça…

— Pourquoi ?

Elle est presque en colère contre moi.

— Parce que nous ne savons rien.

Elle hésite, réfléchissant à mes propos, puis hausse les sourcils.

— C'est peut-être préférable…

— Non, ça ne l'est pas, l'interromps-je.

J'essaie alors de lui expliquer pourquoi.

Dans la nuit, je me réveille et j'entends des pleurs, des sanglots, ceux de Jack dans la chambre voisine. Aucun son ne provient de Florence. Pauvre, pauvre homme.

Je me demande si elle savait le sort qui l'attendait. Si elle l'a pressenti quand elle a ouvert la porte. Elle était douée pour décrypter le langage du corps, une qualité intrinsèque à son travail, après tout. Mais elle était timide, aussi, réservée, ce qui a pu représenter un frein à une réaction de sa part.

À quel moment a-t-elle su ? Ou bien est-elle morte dans l'ignorance, sans s'en apercevoir ? Tu as dû avoir tout le temps de saisir le tisonnier, à moins que tu ne l'aies agressée avant de le prendre. L'as-tu bousculée, renversée, frappée ?

L'une des choses les plus difficiles, c'est d'imaginer la terreur qu'elle a dû éprouver si elle s'est rendu compte que tu allais lui faire du mal. Si elle a compris, comme le devine un animal, qu'elle encourait un péril, le plus grand danger. L'instinct de survie est le plus fort, chez l'être vivant. C'est pourquoi ceux qui meurent de faim mangeront les plus faibles, et qu'une personne piégée coupera ses propres membres.

A-t-elle eu l'intuition que sa vie allait se terminer là ? Cela me torture de penser que Lizzie ait été accablée par un tel degré de terreur.

Quand tu répondras finalement à mes questions, j'espère que tu me diras qu'elle n'avait pas la moindre idée de ce qui allait lui arriver, que tu l'as attaquée par surprise, qu'elle a détourné la tête et ne t'a pas vu lever la tige en fonte. Qu'au premier coup elle s'est effondrée comme un agneau, que son cerveau a été broyé telles des grappes de raisin, que son cœur s'est arrêté de battre, ses reins de fonctionner, et son sang de courir dans ses veines. J'espère que c'est ce que tu me diras.

Mais il est nécessaire que tu me dises la vérité.

Aussi glaciale soit-elle.

Ruth

CHAPITRE 9

Jeudi 17 septembre 2009

Kay commande les fleurs. Un bouquet de la part de Jack, un de la part de Tony et un de la mienne. Elle apporte aussi des articles de papeterie, du papier vélin couleur crème, épais, pour que nous écrivions des mots.

Florence dessine un arc-en-ciel avec des crayons-feutres, se mordillant la lèvre inférieure avec les dents du haut, au comble de la concentration. Elle appuie très fort sur le papier qui commence à se déchirer. Quand j'essaie de glisser une autre feuille dessous, elle la repousse. Sur le moment, j'en ressens une vive irritation. J'insiste. La table de la cuisine comporte pourtant déjà des éraflures, des marques de brûlure, d'usure et de stylos à bille. Quelques coups de feutre en plus ou en moins n'y changeront rien.

Je m'empare d'un Bic et regarde fixement le papier. Que puis-je bien écrire ?

Je marmonne alors :

— Je ne peux pas.

Les larmes me piquent les yeux, j'enlève mes lunettes.

— Ruth..., soupire Tony.

— Non.

Je sors de la maison. Les mots, ce sont toute ma vie, les mots, les livres, les histoires, la lecture. D'accord, peut-être pas toute ma vie, mais une grande partie, et à présent, ils me font défaut. Ils sont inadaptés, pâles, faibles, en dessous de tout.

Tony me rejoint quelques minutes plus tard.

— On peut faire simple. Dire qu'on l'aimera toujours, affirme-t-il d'une voix tremblante, retenant ses larmes.

— Ce n'est pas assez.

— Un poème, alors ? Une citation.

Je souris, mue par un élan d'affection. J'avais l'habitude de lui envoyer des poèmes quand nous sortions ensemble, au début. Des sonnets et des vers qui, selon moi, lui plairaient. Shakespeare, Donne, Plath, Dickinson.

— Je vais chercher.

Il était venu à la bibliothèque pour emprunter des ouvrages de base sur l'architecture. Je commençais juste ici, en tant que bibliothécaire assistante. Une façon d'échapper au chômage pour six mois. Après une licence d'anglais et d'histoire, suivie d'un an de formation pour devenir professeur, j'ai compris que je n'étais pas faite pour enseigner. Du moins pas face à une classe. En revanche, j'aimais le travail à la bibliothèque, aider les gens désireux de s'instruire sur n'importe quel sujet.

Quand Tony me demanda conseil pour savoir où se procurer d'autres livres, je lui suggérai de se rendre à la Central Library, aux références plus vastes dans le domaine. Je lui montrai aussi comment trouver les ouvrages dans le catalogue et, au cas où ils ne seraient pas disponibles dans notre secteur de Ladybarn, la marche à suivre pour obtenir un prêt entre bibliothèques. Il revint régulièrement.

— Tiens, tiens, revoilà Roméo, lança ma collègue Shelley en me donnant un coup de coude.

Je me demandai de qui elle parlait. Alors, du menton, elle le désigna.

— Abrège son supplice, et propose-lui d'aller boire un verre.

— Tu crois que...

Je rougis.

— Oui. Il ne te plaît pas ?

— Si, finis-je par répondre après un moment.

— Dans ce cas, invite-le à la soirée des poètes pour la Saint-Valentin.

Nous organisions un rassemblement avec les poètes et musiciens locaux.

J'étais encore toute rouge quand Tony s'approcha du comptoir.

— Pour celui-ci, ce n'est pas la peine, me dit-il. Mon oncle l'a déjà emprunté.

— Comme c'est la première fois, je ne vous punirai pas.

Il me sourit, et ses yeux verts se mirent à briller.

Tony n'est pas, à strictement parler, un bel homme. Il n'a pas l'allure d'un premier rôle, comme Jack. Il est bien bâti, doté d'une large carrure, avec de grands pieds et des mains imposantes. Un peu comme un pilier, au rugby. Son nez est pointu, ses joues rondes. Ce jour-là, il avait peigné ses boucles bronze en arrière, et je le trouvais séduisant. Il avait du charisme.

Et puis j'étais flattée par l'attention qu'il m'accordait ; visiblement, il était intéressé par ma personne, mes opinions. Nous eûmes de grandes discussions sur la politique et le féminisme, les questions sociales. Il me taquina au sujet de mes origines, celles de la classe moyenne, et moi sur son côté prolo de Manchester, revendiqué. Il était aussi curieux intellectuellement que moi, et c'était tout ce qui comptait, en fait.

Je suis tombée amoureuse de lui.

Et je le suis encore, même si j'ai appris à le cacher. Je ne sais toujours pas, du moins pas vraiment, ce que Denise lui apporte de plus que moi. Pourquoi il la préfère à moi. Aussi objective que je puisse être, je ne le saisis pas. Et je ne le saisirai probablement jamais.

Nous sommes tous tendus ; une atmosphère crispée règne dans la maison avant que nous ne sortions déposer les fleurs.

La pluie a cessé, mais il fait froid et humide ; l'hiver n'est pas loin. Jack semble épuisé, avec de grands cernes mauves sous les yeux. Il se met à trembler quand nous avançons vers la voiture, alors je lui touche le bras. Le regard qu'il me lance est si triste, si malheureux, que je me demande si on ne pourrait pas tout annuler.

Il porte un bouquet de fleurs blanches : des roses, des gypsophiles, des lys et des œillets. Ceux-ci dégagent une odeur puissante, sucrée et épicée, dans l'habitacle du véhicule. Melissa et Mags sont allées au jardin ouvrier et y ont cueilli des fleurs des champs : des tournesols, des pâquerettes, du cerfeuil sauvage et des pois de senteur. Et moi, je tiens la composition de la fleuriste, des roses jaunes et des iris bleus.

Florence nous accompagne, elle a apporté son dernier dessin, un portrait de Milky, encore qu'il soit difficile, si on ne le sait pas, de deviner que c'est un animal, et encore moins un chat.

Nous avons reçu des instructions. Jack et Florence passeront les premiers, descendront l'allée, déposeront le bouquet et le dessin. Puis Tony et moi les rejoindrons ; nous devrons faire une démonstration de solidarité pour renforcer l'idée que Lizzie était issue d'un foyer aimant. Je trouve assez hypocrite cette façon de mettre en scène la famille unie de Lizzie. C'est ainsi qu'on fabrique les morts méritants et les morts indignes, en somme.

— Il y a un petit problème, a dit Jack quand Kay nous donnait les indications successives.

Tony a alors évoqué Denise, qui voulait elle aussi participer.

— Nous devons faire au plus simple, a répondu Kay.

Comme Denise veut également rendre hommage à Lizzie, Tony a accepté de revenir avec elle, après. Elle représente un facteur de complication. Je suis décontenancée de voir tant de journalistes et d'équipes de tournage au bout de l'impasse. Jack place les fleurs à côté des autres bouquets. Florence met son dessin tout près. Puis on nous dit que c'est notre tour. Il m'est difficile de me concentrer ; je ne cesse de revenir en pensée à cette soirée-là, de revoir Jack et Florence sur les lieux, la porte d'entrée ouverte. Ma Lizzie, encore étendue sur le sol.

Sortant mes lunettes, j'essaie tant bien que mal de lire les cartes qui ont été déposées, mais le temps et mon esprit, encore une fois, se dérobent. Florence lève les bras, Jack la prend dans les siens. Elle niche alors la tête au creux de son épaule.

De l'autre côté de la rue, les journalistes qui patientaient font leur travail, un brouhaha d'activités et de concentration, un murmure incessant où se mêlent le cliquetis et le tintement des objectifs. Des cigarettes enfument l'air.

— On peut aller chercher Bert, maintenant ? demande Florence.

— Non, répond Jack, pas encore.

La maison est toujours inaccessible.

J'éprouve au fond de moi une impression de vertige. Je me sens au bord du précipice, comme si j'allais brusquement faire quelque chose de tout à fait déplacé : lâcher un pet, vomir, ou encore éclater de rire. Je serre les dents à m'en donner mal au crâne.

Nous revenons vers la voiture, triste petite procession, puis Florence s'énerve subitement, se retourne dans les bras de Jack, désignant la maison, en pleurs.

— Qu'y a-t-il ? demande-t-il. Que veux-tu ?

Elle hurle, et ses paroles sont incompréhensibles.

Jack me lance un coup d'œil pour voir si j'ai une petite idée de ce qui lui prend. Je secoue la tête.

— Nous devons aller chez mamie, dit-il. Nous ne pouvons pas encore rentrer chez nous.

— Je sais ! crie-t-elle.

— Montre-moi ce que tu veux, renchérit-il.

Et il la dépose par terre. Florence fait demi-tour en courant, et nous la suivons. Elle ramasse alors son dessin, et ses hurlements se transforment en gémissements.

Je lui demande :

— Tu veux le rapporter ?

Elle hoche le menton.

— Très bien, nous le gardons.

Puis je me mets à rire, entre deux sanglots, la gorge douloureuse.

Nous repartons.

À la télévision, on a l'air bizarres, Tony et moi. Si je ne nous connaissais pas, et devais deviner qui nous sommes, je dirais qu'il est docker. Ah ! Il n'y a plus de dockers à Manchester au XXIe siècle. Un conducteur d'engin de manutention, ou un maçon, alors. Un teint exposé aux intempéries, une stature solide, des mains de paysan. Et moi ? Je ne sais pas. Avec mes cheveux blancs m'arrivant aux épaules, mes lunettes et le temps qui a fait son œuvre, j'ai l'air plus âgée que je ne me sens, plus vieille que je ne le suis en réalité.

Un ou deux reportages donnent des détails sur Lizzie et Jack. Celui-ci a fait un peu de télévision, des rôles secondaires dans les séries *Casualty* et *The Bill*, ainsi que du théâtre. Mais il n'est pas très connu, le retentissement médiatique serait encore plus grand si tel était le cas.

La caméra fait un panoramique sur nos bouquets alignés contre le mur du jardin, les cartes, les mots dans des pochettes en plastique, les messages d'amour, nos bénédictions. Une voix off décrit Lizzie.

« Lizzie était une fille, une épouse et une mère dévouée, une personne chaleureuse et aimante, qui profitait pleinement de la vie. Sa passion pour le théâtre et les arts... »

Il s'ensuit un gros plan sur le dessin de Florence, une rangée de baisers en bas, un mot de Jack : *Mon amour à tout jamais.* Puis la caméra se déplace pour montrer nos signatures, « Maman et papa », sous les vers du poème de Christina Rossetti, « Écho », hors champ.

Viens vers moi dans le silence de la nuit ;
Viens vers moi dans le silence parlant d'un rêve ;
Viens avec de douces joues arrondies et des yeux aussi brillants
Que la lumière du soleil sur la rivière
Reviens en pleurs,
Ô mémoire, espoir, amour des années achevées.

CHAPITRE 10

Vendredi 18 septembre 2009

La commissaire Ferguson avait raison, on a l'impression que rien ne se passe. État de stase. Nous accomplissons les gestes nécessaires pour nous alimenter et nous hydrater ; nous nous lavons, même si la tentation est grande pour moi de m'en abstenir. Comme si le fait de conserver ma saleté sur ma peau, d'avoir les cheveux gras et emmêlés était une façon de revendiquer mon désespoir et ma souffrance. C'est logique. Je comprends maintenant les bulletins d'informations en provenance d'autres pays : les vêtements que l'on déchire, les cheveux que l'on s'arrache, les hurlements de douleur.

Voyez comme je souffre, je vais me faire mal pour vous le prouver.

Mais nous sommes britanniques. Et il faut penser à Florence. Tout serait si différent sans elle. Je pourrais me laisser aller, n'être redevable à personne. Tempêter, me déchaîner, perdre le contrôle.

Jack me fait signe de le suivre dans le vestibule.

— Que fait-on pour l'école ? me demande-t-il doucement.

— Je ne sais pas. Comme d'habitude…

Je pense d'abord que cela aiderait Florence, puis hésite. Je n'ai aucune idée de ce qui est préférable pour elle. Elle est bien intégrée dans sa classe, elle s'y sent à l'aise, elle était dans la section des petits l'année précédente, et en général se réjouit d'aller à l'école, mais je ne peux imaginer une enfant endeuillée retourner aussi vite dans le monde réel.

— On va prendre conseil auprès de Kay, dis-je finalement.

Celle-ci nous recommande de demander à Florence son avis. Si elle désire y aller, alors Kay parlera aux responsables de l'école et leur expliquera la situation.

— Je l'emmènerai, dit Jack, si elle veut y aller. C'est moi qui m'en charge d'habitude.

Quand Jack lui pose la question pour l'école, elle répond non, d'un ton alarmé.

— Entendu, acquiesce-t-il. Tu iras un autre jour, peut-être.

— Non, répète-t-elle.

Il me regarde, je hausse les épaules. Que pouvons-nous faire ?

Tony retourne travailler. Peut-on en déduire qu'il est sans cœur ? Il me dit qu'il va devenir fou à ne rien faire, à broyer du noir à la maison. Qu'il se sentira mieux s'il a l'esprit occupé, que son entreprise ne tournera pas toute seule, bien qu'ils puissent s'en sortir avec les revenus de Denise pendant quelques semaines, si nécessaire. Pour ma part, je suis incapable d'imaginer une reprise du travail, je m'oblige en revanche à sortir une fois par jour. Je ne peux pas me cacher éternellement.

Rappeler les gens qui ont laissé des messages est vraiment éprouvant, et j'y renonce.

— Vous n'avez même pas pu encore organiser l'enterrement, me dit Kay. En général, quand quelqu'un meurt, on se focalise là-dessus, on est complètement accaparé par ces préparatifs. Sans cela, il est difficile d'apprivoiser sa douleur.

Elle a raison, nous partons à la dérive.

— Les gens comprendront, et nous prendrons contact avec eux plus tard, quand vous serez prête. Relax !

Kay a quelques américanismes qui me font sourire. Elle a effectué plusieurs séjours outre-Atlantique, à Chicago, dans le cadre professionnel d'un programme d'échange. Elle a adoré la ville.

— Vous ne voulez pas y retourner ?

— Pas en ce moment, en tout cas : ils n'embauchent pas.

Les médicaments m'aident pour une chose bien précise : il m'est plus facile d'éviter de ressasser la scène du crime. Elle est là, à la lisière de ma conscience, ombre rampante, mais, pareille à un mot qui ne vous revient pas, un nom oublié, elle demeure hors de portée. Parfois, je me réveille de façon brutale, extrêmement mal, en sueur, et je me demande si je ne rêvais pas de Lizzie, si je ne visitais pas la scène du crime, dans mon sommeil. Jack n'a pris aucun médicament, bien que je l'y aie incité. Je l'entends pleurer quasiment toutes les nuits, ou faire les cent pas.

Nous nous conformons aux exigences des policiers. Jack a de nouveau été interrogé.

Chaque jour, je demande à Kay si des témoins se sont présentés, si quelqu'un a vu quoi que ce soit, un inconnu dans le quartier. S'ils ont retrouvé Broderick Litton.

— Pas encore, mais l'enquête n'en est qu'à ses débuts, répond-elle systématiquement.

Mes voisins m'apportent toujours plus de nourriture. Nous avons déjà dû en jeter, et j'ignore quels plats appartiennent à qui.

Jack met des lasagnes au four.

Je lui demande :

— La police t'a-t-elle dit quelque chose ?

Il secoue la tête en signe de négation, puis reste silencieux avant de déclarer :

— Ils pensent qu'elle l'a laissé entrer.

Mon cœur bat plus vite. Un fait. Une autre pièce du puzzle. Les détails agissent sur moi comme des shoots de drogue. Vertigineux, addictifs.

— Pourquoi ?

Je m'assieds.

— Parce que la porte n'a pas été forcée, et qu'il n'y a aucun signe d'effraction nulle part.

J'assimile l'information.

— Elle n'aurait jamais laissé entrer cet homme, ce Litton. Pour rien au monde. Ni qui que ce soit d'autre, d'ailleurs.

— Je sais, approuve Jack. C'est ce que je leur ai dit.

— Il a dû s'introduire de force dès qu'elle a ouvert la porte.

Nous échangeons un regard, Jack serre les lèvres, et la fossette de son menton s'accentue.

Kay m'incite à parler de Lizzie. D'elle avant tout cela. Au début, j'hésite, car c'est douloureux, mais finalement, je me perds dans ces histoires. Progressivement, je constate qu'il est sain de déplacer le curseur pour ne plus se focaliser sur sa mort, mais sur le reste de sa vie, sur les vingt-neuf années qui ont précédé sa mort. De la faire ainsi redescendre de son piédestal, du statut de martyre en albâtre, sans défaut et sublime, pour qu'elle redevienne une femme comme les autres, avec ses petits travers, ses imperfections, capable parfois de se montrer exaspérante.

Je raconte à Kay les coliques du nourrisson et les provocations de l'ado, qui s'apparentaient à l'époque à un véritable cauchemar. J'évoque aussi combien Lizzie pouvait être têtue lorsqu'elle avait tort, et les disputes houleuses qu'elle avait notamment avec Tony. Et j'explique la façon dont nous avons surmonté ces épreuves. Que les bons moments contrebalançaient de loin les mauvais, et qu'elle m'apportait énormément de joie et de fierté grâce à tous ses talents, son caractère, sa générosité.

À seize ans, elle a avorté après être tombée enceinte d'un garçon qu'elle ne connaissait que depuis un mois. Bien sûr, nous l'aurions soutenue quelle que soit sa décision. Néanmoins, j'étais soulagée qu'elle ne garde pas le bébé. Elle était si jeune, encore une enfant à bien des égards. J'étais prête à aller à la clinique avec elle, mais elle a préféré que son amie Rebecca l'accompagne. Elle était triste après l'intervention, naturellement – elle s'asseyait près de moi sur le canapé et pleurait, alors je la berçais dans mes bras –, mais elle n'a jamais regretté son choix.

CHAPITRE 11

17 Brinks Avenue
Manchester
M19 6FX

Peut-être es-tu malade, mentalement malade, me dis-je, alors que, assise, j'ouvre de nouvelles cartes et lettres. Ne l'es-tu pas nécessairement pour avoir harcelé ma fille comme tu l'as fait ? Pour revenir et la tuer ? Je connais ce genre de profil. La plupart des gens atteints d'une pathologie psychiatrique ont davantage tendance à être victimes de violence, au lieu d'en être les instigateurs. Ou ils la retournent contre eux. L'image colportée par le *Daily Mail* du désaxé armé d'une hache est fort rare. Et, à notre époque, il s'agit plus généralement d'une épée cérémonielle.

Au travail, nos portes sont ouvertes à tout le monde, et certains usagers de la bibliothèque ont des problèmes de santé, d'ordre mental ou physique, parfois les deux. Jadis, on les enfermait dans des asiles. Je ne peux pas imaginer l'un d'eux agressant qui que ce soit. Pas Ruby, qui est particulièrement cultivée et parle une demi-douzaine de langues, mais tremble comme une feuille, suintant d'anxiété par toutes les cellules de son corps. Ni Giles, qui est bipolaire. « Je suis maniaco-dépressif », m'avait-il annoncé la première fois que nous nous sommes rencontrés. « Si je vous agace, demandez-moi de foutre le camp. Il m'arrive de parler pour ne rien dire. » Giles écrivait de la poésie, des recueils de poèmes. Certaines de ses nouvelles ont été publiées dans des magazines féminins, et quand il était encore assez en forme, il suivait l'atelier de création littéraire donné à la bibliothèque par le WEA, association éducative pour les travailleurs. Par une nuit d'été, il s'est allongé sur les rails, à l'extérieur de la station de Levenshulme, et a mis fin à ses jours. C'était un homme adorable.

Mais peut-être es-tu l'exception, le seul sur un million qui ne prendra pas ses médicaments, aura une crise de folie et massacrera la première inconnue venue. L'agression qui a entraîné la mort de Lizzie a été haineuse, acharnée. Y avait-il des voix dans ta tête qui t'ont commandé de la frapper ? Encore et encore. Pourquoi Lizzie ? Pourquoi l'avoir poursuivie ? Pourquoi être venu chez elle pour la tuer ? Les femmes sont-elles l'ennemi ? Les hais-tu toutes, ou bien juste celles qui sont jeunes et jolies ?

Le soleil brille quand je me rends au parc. J'évite les boutiques, je ne suis pas sortie pour faire des achats. C'est prématuré.

Je suis devant l'étang aux canards quand quelqu'un m'appelle.

Plissant les yeux à cause de la lumière trop vive, je le vois. Capuche sur le crâne, pantalon à moitié descendu sur les fesses dévoilant son caleçon, baskets d'un bleu électrique : Doddsy, un gars du groupe d'acquisition des connaissances de base qui se réunissait à la bibliothèque. Il a dans la vingtaine, à présent. L'école ne lui a pas réussi, mais il a eu assez de plomb dans la cervelle pour trouver une voie différente quand l'opportunité s'est présentée.

— Salut, Doddsy.

— Désolé pour votre fille, dit-il en rougissant. C'est vraiment... pas juste...

Je sens ma poitrine se serrer.

— Merci. Comment vas-tu ?

— Bien. J'ai un tuteur éducatif maintenant, et je suis un cours de production de son. C'est plutôt cool.

— Tant mieux, je suis contente pour toi.

— Ouais. Si je peux vous aider, faire quoi que ce soit...

— Merci.

— Bon, je dois y aller. (Il hausse les épaules et bouge nerveusement les pieds.) À plus.

Je souris et hoche la tête, touchée par sa gentillesse.

Puis un déclic se produit en moi quand je me rends compte que non seulement tu as ôté la vie à Lizzie, fracassé les nôtres, transformé mon enfant, une personne ordinaire, en une victime, mais tu as aussi faussé mon identité, tu l'as pervertie. À jamais, pour la plupart des gens, je serai Ruth, la femme dont la fille a été assassinée. La mère de la victime. C'est ce que les autres verront avant toute chose, ce qui dominera tout le reste ; c'est ainsi que l'on parlera de moi, que l'on me nommera.

Ce qui est encore plus révoltant, c'est que j'ai moi-même endossé ce rôle, ces quatre dernières années. En raison de ma rage, ma soif de vengeance, mon avidité à te voir souffrir. Mon obsession. J'ai laissé mon propre moi disparaître dans le rôle du parent dépossédé.

Et c'est en partie pour cette raison que je t'écris. Je veux être plus que cela. Me libérer de ce catalogage.

On dit que nul n'est une île, que nous sommes façonnés par les différents rôles que nous jouons, et je suis très fatiguée de celui-ci.

Tu as déposé tant d'amertume sur le seuil de ma maison. Insufflé une animosité d'une telle violence dans mes veines, une telle haine en mon cœur que je me reconnais à peine. Je veux retrouver la Ruth d'avant, celle qui pestait contre son bébé qui hurlait, qui se querellait avec son ado de fille, la bibliophile qui tombait amoureuse et recopiait des poèmes, qui apprenait à cultiver des légumes, nourrissait un penchant pour la musique et le chocolat, et qui aimait les chats.

Tu as fait de ton mieux pour la tuer elle aussi, mais elle n'est pas encore morte, pas complètement.

Ruth

CHAPITRE 12

17 Brinks Avenue
Manchester
M19 6FX

Six jours. Ça fait quoi en heures ? Je calcule. Cent quarante-quatre. Ça semble long. Même si le temps est un concept plutôt nébuleux, les heures et les jours baignent dans une ambiance macabre. Combien de secondes ? Combien de battements de cœur ?

Te doutais-tu que la police se rapprochait de toi ? Ou, au fur et à mesure que s'écoulaient les jours, respirais-tu plus facilement, et osais-tu espérer que tu t'en sortirais ?

Florence n'a pas touché son baigneur depuis qu'elle l'a ramené à la maison. Elle essaie toujours de câliner Milky, passant les bras sous le ventre de la pauvre bête pour la soulever. Le chat reste placide, ne la griffe ni ne la mord, mais se débat et s'enfuit.

Florence et moi sommes seules. Assise à table, celle-ci mange un toast avec des flageolets. Kay assiste à une réunion avec l'équipe chargée de l'enquête, Jack fait une sieste. Nous avançons comme à tâtons dans nos vies. Je fais le tri des vêtements propres laissés par négligence dans le panier. Même une tâche aussi simple requiert un effort herculéen de ma part.

Une de mes chaussettes, en vieille laine grise, a un trou à l'orteil. Inutile de la garder. Je glisse la main à l'intérieur, puis mon doigt dans le trou, et prends une voix flûtée et amusante.

— Bonjour, dis-je.

Je fais saluer la chaussette.

— C'est quoi ? demande Florence.

— Je ne sais pas. Peut-être...

Je rassemble le tissu pour qu'il forme une manche à vent.

— ... Peut-être que c'est un Clanger.

— C'est quoi, un Clanger ?

— Ils passaient à la télé, il y a longtemps. Ils vivaient sur une planète avec un dragon porteur de soupe. Ils faisaient ce genre de bruit.

J'émets à la fois un fredonnement et un sifflement.

— Je veux un Clanger, décrète-t-elle. Non, je veux un chat chaussette. Non, un chaton.

— Tiens, un chaton ? Et que lui faudrait-il ?

— Des oreilles.

Elle avale la dernière bouchée de haricots.

— Et des moustaches ?

— Oui, et des pattes.

Mes talents en couture sont rudimentaires.

— Pour les pattes, ce sera peut-être délicat. Voyons voir...

La boîte à couture fournit assez de chutes de tissu en feutre noir pour fabriquer deux oreilles triangulaires et deux yeux ronds. Florence choisit un bouton en cuir marron pour le nez.

— Regarde les yeux de Milky, dis-je.

Celui-ci est assis sur une chaise, près du radiateur. Florence s'agenouille devant lui et se met à le scruter. Milky bâille, affichant son dédain, puis aplatit les oreilles ; je constate qu'il prépare une preste sortie au cas où elle ferait un brusque mouvement en avant.

— Des points jaunes, déclare-t-elle.

— Quelle forme ?

Elle dessine quelque chose d'illisible avec les mains.

— Grands.

Comme j'ai une pelote de coton jaune, je l'utilise pour coudre une ligne verticale sur les yeux. De la laine marron tressée fera office de queue. Je ne trouve rien d'assez rigide pour les moustaches, alors on prend d'autres bouts de laine, qui pendent mollement, mais Florence semble heureuse.

— Il faut qu'on le remplisse, dit-elle, il est tout plat.

— Si on le laisse vide, on pourra l'utiliser comme une marionnette.

— Je ne veux pas une marionnette ! s'écrie-t-elle, soudain fâchée. Pas de marionnette.

— OK.

Des feuilles de Sopalin, déchirées en lamelles, servent de rembourrage. Je couds le haut de la chaussette, coupant le fil avec les dents.

— Et voilà !

Florence fait sauter le chaton sur la table.

— Comment vas-tu l'appeler ?

— Chaton.

— OK, très original.

— Non, Chat-chat, se ravise-t-elle.

— Très bien.

— Non...

Les lèvres pincées, elle fronce les sourcils tout en réfléchissant.

— Matilda, tranche-t-elle finalement.

D'où ce nom lui vient-il ? A-t-elle lu le livre éponyme ? A-t-elle vu le film ? L'histoire de la petite fille, négligée et rudoyée chez elle comme à l'école, mais qui se découvre des pouvoirs secrets et s'épanouit dans l'amour et l'attention que lui porte son institutrice.

— Oui, approuve-t-elle d'un ton ferme. Matilda.

La porte s'ouvre, et je lève les yeux, m'attendant à voir Lizzie qui vient chercher Florence. Fatiguée du trajet, mais heureuse de travailler, avec des anecdotes à raconter sur sa journée.

J'ai oublié, ce qui signifie que je dois me le rappeler de nouveau. Un vrai coup de poignard dans le cœur. Ravalant le cri qui me monte aux lèvres, je m'efforce de sourire à Jack.

Florence est dans le salon avec Kay, à la télévision passent les programmes pour enfants de la BBC. Il est question que la chaîne déménage à Manchester. Jack espère que le projet va se concrétiser, car cela pourrait signifier plus de travail pour lui.

— Il faudrait penser à lui faire reprendre le chemin de l'école, dis-je.

— Je ne crois pas qu'elle le supporterait, affirme Jack.

— Elle devra y retourner tôt ou tard, à moins que tu ne prévoies de lui faire suivre des cours par correspondance.

Il me lance un regard sceptique.

— Un retour progressif, poursuis-je. Nous pouvons mettre quelque chose au point avec la maîtresse. Qui est-ce ? Mme Bradshaw ?

— Oui.

— Même s'il faut que nous l'accompagnions et restions avec elle pendant un mois. Tu n'as pas de mission de prévue ?

— Non, répond-il. Je n'ai pas passé d'audition depuis que j'ai joué dans *The History Boys*. Il faudrait que je parle à Veronica, que je lui explique la situation.

Veronica est son agent.

— Elle doit être au courant, dis-je. Il y a le temps.

— Il faudrait que je m'achète un téléphone, renchérit-il.

Comme Bert le doudou, le téléphone de Jack est dans la maison, hors de portée pour l'instant.

Je visualise rapidement tous les détails pratiques qu'il devra régler : réorganiser son travail pour s'occuper de Florence, trier les affaires dans la maison. Il souhaitera probablement déménager, trouver un endroit nouveau, neutre, non vicié par le meurtre de Lizzie. Il faudra aussi qu'il gère les questions pécuniaires ainsi que les diverses connaissances de Lizzie. Les institutions et les personnes avec lesquelles elle était liée. Tous les projets professionnels à annuler.

— Tu peux te servir du mien chaque fois que tu en as besoin, lui dis-je. Et si je peux t'aider en quoi que ce soit, avec l'école ou pour ce qui est de la garde de Florence, quand tu reprendras le travail, je pourrai aménager mon emploi du temps. Je m'arrangerai.

Nous estimons que Florence peut se passer de bain. Je supervise son coucher et lui lis un livre, puis elle réclame son père, et il reste auprès d'elle. En bas, je m'assoupis et me réveille quand il revient.

Le vent souffle, un orage est annoncé. Au lit, j'entoure ma couette étroitement autour de mon corps et écoute la bise, la grille qui claque, un crissement dans l'allée, derrière la maison ; soudain, une bourrasque plus forte s'y engouffre.

C'était une chose que j'aimais, être bien au chaud, confortablement installée à l'intérieur, pendant que le vent rugissait dehors. Des souvenirs d'histoires de fantômes et de longs récits d'aventures. *Il était une fois, par une sombre nuit d'orage...* Mais la situation a changé.

J'ai froid et, glacée tout au fond de moi, je ne me sens plus en sécurité nulle part.

Ruth

CHAPITRE 13

17 Brinks Avenue
Manchester
M19 6FX

Je me réveille de bonne heure. La maison est secouée par la tempête, les vitres battues par une pluie épaisse. Milky, déstabilisé, commence par se laver, puis s'immobilise, apeuré. Il ne vient même pas chercher une caresse dans mon giron.

De nouveau, une douleur me traverse la poitrine. Je devrais sans doute retourner consulter mon généraliste. Je crains d'avoir quelque chose de grave. Non, « grave », ce n'est pas le mot qui convient. Quelque chose de physique, de mécanique, un blocage ou un caillot, une fuite ou une déchirure. Que mon cœur soit brisé, pas simplement moi.

Florence et Jack descendent ensemble. Elle l'a réveillé. Avant, elle s'amusait toute seule pendant un bon moment, capable de comprendre que maman et papa ne se lèveraient pas avant 7 heures, mais à présent Jack dit que, dès qu'elle est debout, elle le tire du sommeil.

Il lui prépare des céréales puis va prendre sa douche.

J'hésite à aborder le sujet de son retour à l'école avec elle et estime finalement qu'il revient à Jack d'en parler le premier. Il est difficile de discerner la frontière entre soutenir et intervenir dans de telles circonstances. Mais elle est sa fille, et il est son unique parent maintenant; en outre, je lui fais confiance pour juger de la meilleure manière de régler les problèmes, avec elle.

À l'extérieur, on entend un objet s'écraser au sol, et Florence sursaute. Moi-même, je grimace en signe d'empathie.

Jetant un coup d'œil par la fenêtre, je constate que la jardinière que j'avais fixée au mur est tombée. Et le treillis en dessous s'est détaché, claquant au vent à chaque nouvelle rafale.

— C'est juste un pot de fleurs de mamie, lui dis-je pour la rassurer. Tu veux voir ?

D'abord réticente, elle ne bouge pas pendant quelques secondes, puis vient vers moi ; je la soulève alors pour lui montrer.

— Tu vois ? Tout le terreau s'est renversé.

— Et les fleurs.

— Elles étaient vieilles, de toute façon. Elles sont fanées.

De la verveine et des lobélies de cet été.

— Toi aussi, tu es vieille.

Mon esprit fait des acrobaties pour comprendre ce à quoi elle est en train de penser. Croit-elle que moi aussi je vais tout bonnement m'écrouler ? Si mon monde me paraît incertain, combien doit l'être celui de Florence ?

— Pas vraiment, réponds-je. Je ne suis pas encore fanée. Je me porte comme un charme, comme un chat.

Elle esquisse un faible sourire.

Jack fait griller des toasts, et je remets la bouilloire en marche.

Kay arrive, parle du temps et des perturbations engendrées par la tempête. Il y a eu un accident sur la M60, un camion s'est renversé. Des arbres ont bloqué les rues, et certaines lignes du réseau ferroviaire sont fermées, là où les câbles électriques sont coupés.

Presque aussitôt, son téléphone sonne, et elle nous laisse pour prendre l'appel dans le séjour.

Je mixe une banane pour préparer le milk-shake de Florence, fruit, lait et miel tourbillonnant dans des sifflements, quand on frappe à la porte d'entrée ; un bruit tout juste audible au-dessus du vacarme du mixeur.

Florence plaque ostensiblement les mains sur les oreilles.

— Kay va répondre, dis-je à Jack quand il fait mine d'y aller.

Nous entendons des voix, masculines, plusieurs. Ce n'est pas Tony, je pourrais reconnaître la sienne entre mille.

Je verse le liquide blond et mousseux dans un bol en plastique.

— Je peux avoir une paille ? demande Florence.

— Des petits bouts risquent de la boucher, mais tu peux toujours essayer.

Les visiteurs entrent dans la cuisine avec Kay. Des policiers. Les vestes trempées de pluie.

— M. Jack Tennyson, dit l'un d'eux.

— Oui, répond Jack, sur le ton de qui s'enquiert de ce qu'on attend de lui.

Tous deux brandissent alors leur carte de police. Puis l'un, rondouillard, les cheveux blonds, prend la parole et fait les présentations. L'agent Curtis et l'agent Simmons.

Ils doivent avoir du nouveau. T'ont-ils trouvé ? Je prends appui contre le comptoir pour garder l'équilibre, attentive à ce qu'ils vont dire. J'attends, impatiente, immobile, retenant ma respiration. Les hommes s'avancent, passent devant Florence, qui se trouve au bout de la table. Puis l'agent Curtis intervient de nouveau :

— Jack Tennyson, je vous arrête pour présomption de meurtre sur la personne de Lizzie Tennyson, le 12 septembre 2009...

Je sursaute sous le choc, le souffle coupé.

Jack bondit sur ses pieds, le visage blême, sidéré.

— Non ! s'exclame-t-il.

Florence court vers lui, renversant sa boisson quand elle descend de sa chaise.

— ... Vous avez le droit de garder le silence...

Jack fait un brusque mouvement en avant, renversant à son tour une chaise. L'agent Simmons s'élance derrière lui, le bloque dans sa fuite. Jack se débat, cherche à lui échapper. Mais Simmons sort une paire de menottes qu'il lui passe aux poignets.

L'agent Curtis continue à parler tout en s'approchant de Jack.

— ... mais tout ce que vous pourrez dire...

Jack lutte, crie.

— C'est insensé ! Je n'ai pas fait ça, je n'ai rien fait !

De nouveau, il se rue en avant, pour se libérer. Il donne des coups de pied, une autre chaise tombe, il tente de se dégager, impétueux, mais Simmons le maintient fermement.

Florence hurle.

— Papa, papa !

Elle fonce sous la table pour rejoindre son père, de l'autre côté.

Mon cœur bat à tout rompre dans ma poitrine, je sens la douleur la transpercer, aussi aiguisée qu'un couteau.

— ... sera retenu contre vous.

Ils ont croisé les bras de Jack derrière son dos. Ses traits sont rigides, à présent, ses yeux lancent des éclairs.

Florence s'égosille et frappe l'agent Simmons, essayant d'atteindre son père. Elle parvient à dépasser le policier et saisit Jack par la jambe.

— Agent Simmons, s'il vous plaît ! s'écrie Kay.

— Laissez-la lui dire au revoir.

Ma voix s'élève au-dessus du tumulte, yeux braqués sur l'agent Simmons, celui qui l'a menotté. Je poursuis :

— Regardez-la, elle a quatre ans. Laissez-la lui dire au revoir.

— Aidez-la, me dit Kay.

Le policier me lance un coup d'œil. Jack secoue toujours la tête en signe de négation, son visage a repris des couleurs.

Je contourne la table pour rejoindre Florence et la soulève afin qu'elle soit à la hauteur de Jack. Elle noue ses bras menus autour de son cou, toujours en pleurs.

— Papa. Papa...

— Je vais bientôt revenir, ma puce, déclare Jack d'un ton rauque. C'est une stupide méprise.

Je tire Florence en arrière, la détache de lui avec les mains, la lui arrache, et elle retombe alors dans le silence. Soudain, il n'y a plus que le tremblement irrégulier de sa respiration.

Les hommes emmènent Jack. La pièce sent la banane et la sueur masculine.

La réalité s'abat sur moi telle une chape de plomb, le sol vacille sous mes pieds. Je m'assieds sur le rebord de chaise vide laissée par Jack, Florence sur les genoux, puis regarde fixement le mur, l'air absent. À l'extérieur, une voiture démarre, et de l'eau de pluie éclabousse les carreaux, derrière moi.

La vérité se déverse sur moi comme l'eau sur le sable, me pénètre tout entière. Inonde mes entrailles, mes bras, mes jambes, de la nuque à la plante des pieds. Je suis consciente de la présence de Florence, de son poids sur mes cuisses, de sa main qui agrippe mon petit doigt, de la chaleur de son corps contre mon ventre.

La réalité se solidifie à l'intérieur de moi, aussi dure que du granit et pourtant aussi crue que de la chair, rapide comme l'éclair et infinie comme l'espace. Impénétrable. Je la sens sous mon palais, l'entends dans l'épaisseur de mon sang, la vois dans les yeux de Kay, dans l'image de Jack tentant de s'enfuir, dans la façon dont la main de Lizzie reflétait la lueur du feu. Je la respire dans la puanteur des corps et le fruit trop mûr. Je la perçois sur mon crâne, dans mes intestins, la moelle de mes os.

Tu n'es pas Broderick Litton.

Pas un quelconque rôdeur.

Pas un inconnu croisé par hasard.

Tu es Jack.

Jack a tué Lizzie.

C'est toi, Jack.

Tu es l'assassin de ma fille.

Et je te hais.

Ruth

CHAPITRE 14

Samedi 19 septembre 2009

Ensuite vient la fureur. Je m'en prends à Kay, dès que je peux me détacher de Florence que je pose alors sur le sofa et recouvre d'une couverture. Je ne suis même pas étonnée qu'elle se soit endormie.

Je m'exclame, en colère :

— Vous saviez ! Putain, vous le saviez, et vous ne m'avez pas dit de sortir de la pièce, vous avez laissé Florence assister à la scène ! Voir son propre père embarqué par la police, menotté.

Je manque de lui flanquer mon poing dans la figure, mais finalement je pivote sur mes talons et passe mes nerfs sur ce qui se trouve le plus près de moi, en l'occurrence l'étagère remplie de livres de cuisine que j'envoie valdinguer. Je serais capable de démolir les murs. Pourtant, je parviens à me contrôler.

— Je suis vraiment désolée, commence Kay. Ils n'étaient pas censés...

Je ne suis pas prête à entendre ça. Ni excuses ni explications.

— Cette enfant...

Je parle entre mes dents, résolue à ne pas pleurer pour ne pas rater l'occasion de dire ce que j'ai sur le cœur.

— ... a perdu sa mère, et vous, vous lui arrachez son père comme... comme des sauvages.

— Je suis désolée, répète-t-elle, je suis désolée.

— Partez ! Allez-vous-en.

Je ne peux plus la supporter, je ne peux plus supporter cette situation.

— Allez-vous-en.

— Je vous appellerai plus tard.

Au moins, elle n'argumente pas.

Un étau se resserre autour de mon crâne, et un goût à la fois doux et saumâtre se répand dans ma bouche. Je vomis dans le jardin, la pluie se déversant sur mon dos, mouillant mes cheveux.

Il faut absolument que je voie Tony.

Florence est somnolente quand je l'installe dans la voiture. Il y a un CD de comptines parmi les disques stockés dans la boîte à gants, et je le mets. Je pourrais me rendre à pied au dépôt de Tony, mais pas par ce temps, pas dans cet état, pas avec Florence.

Je ne suis probablement pas non plus en mesure de conduire, mais le trajet ne prendra que cinq minutes.

Les grilles sont ouvertes, et je n'aperçois aucune voiture de client dans la cour. Dans le bureau de Tony, il y a de la lumière. Je me gare de façon à surveiller Florence par la fenêtre.

Je ne suis pas venue ici depuis des années, mais peu de choses ont changé. Je remarque tout de même qu'il a recouvert la cour d'un revêtement : avant, elle était sillonnée d'ornières et de nids-de-poule, et donc sujette aux flaques. Tout au fond du terrain, où se dressaient autrefois deux garages, se trouve maintenant un large espace ouvert, avec un toit et des annexes destinées, je suppose, à stocker divers matériaux. En face, jouxtant le bureau et à l'autre bout de la cour, s'élèvent des préfabriqués, des remises et des appentis de style similaire où les gens peuvent rechercher des boutons de porte, des lustres, des poteaux d'escalier et des vitraux.

Mes cheveux volent au vent, m'aveuglant quand je traverse la cour pour rallier le bureau.

Tony a dû entendre ma voiture, car il ouvre la porte avant que je ne l'atteigne. Puis il recule pour me laisser entrer.

— Ils ont arrêté Jack, dis-je. À l'instant, chez moi.

Ma voix tremble, j'ai la bouche sèche.

Il change d'expression, cligne des yeux, remue les lèvres.

— Pour le meurtre de Lizzie, poursuis-je.

L'air que j'inhale me brûle, comme si j'avalais des braises.

Le sang se retire soudain du visage de Tony, qui devient d'un blanc spectral. Il vacille un peu, puis lève la tête vers le plafond. Il veut parler, mais ne trouve pas ses mots, balbutie juste quelques syllabes. Il virevolte, puis me tourne le dos.

— C'est dingue, mais ils jouent à quoi, bordel ? Il faut qu'on appelle un avocat, qu'on fasse quelque chose... On devrait... Bon sang ! Merde ! Ça n'a pas de sens.

Le regard hagard, il cherche à reprendre sa respiration.

— Tony... Je crois qu'ils ont raison.

— Quoi ? Mais tu as perdu l'esprit ? Putain, Ruth !

— Cesse de crier et écoute-moi, dis-je.

Mais il ne prête pas attention à mes propos.

— Elle était tout pour lui ! On parle de Jack, là !

— Je sais ! Mais quand ils sont venus l'arrêter, il a essayé de s'échapper. Il s'y attendait. Toute personne normale, si elle est innocente, reste sans voix, abasourdie, outrée, mais lui, c'était comme s'il savait qu'il allait être pris, il s'est élancé comme un fou pour s'enfuir, et ils ont dû le maîtriser physiquement.

Tony semble manquer d'air. Dos voûté, il se meut avec lenteur de la table de travail à son ancienne chaise de bureau à roulettes, au dossier incurvé et recouvert de cuir vert, à l'instar de l'assise.

Je me juche sur un coin de la table pour avoir une vue dégagée sur la voiture.

— Mais qu'ont-ils dit ?

Il pousse un profond soupir saccadé, puis un spasme le fait sursauter.

— Rien. Je ne sais pas. Kay était là, elle savait qu'ils allaient venir.

Il lève les mains des deux côtés du visage. Je me souviens alors de Florence, quand je lui préparais son milk-shake.

— Ils n'auraient pas fait ça s'ils n'avaient pas eu une bonne raison, conclus-je.

En pensée, je reviens à ce soir-là, ressassant les maigres faits que je connais. Il n'y a eu aucune dégradation. Pas de trace d'effraction.

Une douzaine de coups, au moins.

Jack découvrant le corps. Cette histoire sur son expédition au club de sport.

— Qui cela peut-il être d'autre, sinon ? Broderick Litton ? Il refait surface alors qu'il a disparu de la circulation depuis un an, Lizzie le laisse entrer, il la bat à mort puis s'évapore comme par hasard dans la nuit avant que Jack ne revienne de sa séance d'entraînement ?

— Mais Jack..., murmure-t-il.

— Je sais, je sais.

Je ravale mes larmes, le souffle court.

— Je ne sais pas quoi faire, je ne... Qu'allons-nous dire à Florence ?

Je m'écroule.

Tony se précipite vers moi pour me soutenir, m'enlaçant par les épaules d'un bras vigoureux et solide, pressant alors mon visage contre son pull de travail, qui sent la laine humide, le white-spirit et la fumée de bois. Des effluves qui me ramènent au camping, aux feux de joie sur la plage, à la pluie sur la toile de tente, à nous trois jouant aux cartes à la lumière d'une lampe à pétrole. À ces journées dans le jardin ouvrier, avec Lizzie dans sa salopette poussant sa petite brouette. Aux trajets à vélo jusqu'à la bibliothèque, Lizzie sur le siège bébé, moi aidant à installer la halte-garderie où elle s'amuserait ensuite avec les autres enfants pendant que je travaillerais. Tony la récupérant à l'école et la laissant se comporter en sous-chef. Nous tous arrachant le papier peint et peignant l'encadrement des fenêtres, choisissant l'endroit où installer les étagères à livres.

Mon visage est couvert de sueur froide ; je parviens à me calmer, essuie mes joues et mon nez.

— Pourquoi ? demande Tony. Pourquoi ?

Je n'en ai pas la moindre idée. Je garde le silence.

— Je ne peux pas le croire, reprend-il. Pas Jack.

Pas Lizzie.

Je repense à Jack, à sa voix au téléphone, à son appel à l'aide, à sa silhouette devant le portail, à ses dents qui claquaient. Jack mangeant dans ma cuisine, dormant dans mon lit et pleurant la nuit. Jack formulant les questions que nous nous posions tous.

— C'est un acteur, dis-je.

Son numéro m'a convaincue.

— Les acteurs ne commettent pas de meurtre ! explose Tony.

Ce qui est un commentaire ridicule. Comme si un métier conférait ou enlevait la capacité d'ôter une vie.

Je renifle et me mets à rire. Tony fronce les sourcils et lève la main.

— Enfin, tu comprends ce que je veux dire, poursuit-il. Il se peut qu'ils le relâchent, qu'ils ne l'inculpent pas, c'est probablement une erreur, un malentendu.

Et une supplication de sa part.

Je hausse les épaules.

— Tu crois qu'ils ont raison ?

Je n'ai pas besoin de me répéter, il peut lire la réponse dans mes yeux.

— Non, non, proteste-t-il, pas encore prêt à accepter l'horrible vérité.

Le vent siffle à travers le trou de la serrure, semblable à un faible gémissement.

Au bout d'un moment, il demande :

— Que va-t-il se passer maintenant ?

— Je ne sais pas.

— Que dit Kay ?

— Elle est partie. Je l'ai flanquée à la porte.

Il n'a pas l'air d'approuver.

— Tu n'étais pas là, dis-je. Tony, c'était affreux. Florence hurlait et essayait de se réfugier auprès de son père. Et Jack qui cherchait à fuir. Leur façon de procéder…

Je secoue la tête.

Quand je vois Florence bouger, sa main telle une étoile de mer contre la vitre de la voiture, je sors la chercher. Elle est grincheuse, agitée, et se plaint du fait que nous ayons laissé Matilda à la maison.

Tony la distrait, lui montre comment remonter l'horloge comtoise calée dans l'angle, puis l'emmène voir les cloches et les heurtoirs dans les appentis. Mais ensuite, elle se plaint, car elle a faim.

— On va t'acheter des frites faites maison, lui dis-je.

Elle cligne les yeux, surprise. Les frites artisanales sont un plaisir rare. Elle en mange parfois des surgelées chez elle, mais Lizzie s'efforce de limiter la quantité d'aliments pas très sains, à l'instar de Tony et moi quand elle était enfant. Tout est parti en fumée à l'adolescence, lorsqu'elle n'a plus mangé que des pizzas, des nouilles lyophilisées et autres cochonneries de ce genre. Il y avait des problèmes plus importants à régler. Une rébellion de deux ou trois ans par ses choix de nourriture ne lui aura pas été très préjudiciable.

— Maintenant ? demande Florence.

Tony regarde l'horloge.

— La friterie n'ouvre qu'à midi.

Tiendra-t-elle une heure ? Je ne crois pas.

Elle se met à pleurnicher :

— Je veux des frites.

— Nous en achèterons dès que le magasin ouvrira, mais nous allons prendre autre chose en attendant, dis-je. Chez le boulanger.

Un simple hochement de tête.

Tony ferme à clé. Nous marchons le long de la rue principale, visages inclinés à cause du vent, passons devant l'antiquaire et les boutiques de seconde main, pour arriver à la boulangerie la plus proche.

À l'intérieur, Florence presse le nez contre la devanture et inspecte les sandwichs, tartes et diverses pâtisseries, puis tend le cou, se hissant sur la pointe des pieds.

— Un gâteau, déclare-t-elle.

— Regarde.

Tony la soulève et énumère les noms. Une part de flan, une tartelette aux fraises, un macaron à la noix de coco, un feuilleté aux fruits secs, un gâteau caramel chocolat, une tarte aux pommes, un Rocky Road.

— Un Rocky Road ? répète Florence.

— Il y a des noix, des fruits et du chocolat. C'est très collant, dis-je.

— Nous avons aussi des cupcakes, renchérit la vendeuse en les désignant.

Nous attendons, et attendons encore entre ses « hum ! » et ses hésitations. Tony la repose.

Je l'entraîne dans un coin pour que l'employée puisse servir les autres clients. J'ai mal au dos à force de rester immobile.

— Si tu n'as pas choisi dans deux minutes, lui dis-je, je choisis pour toi.

— Non, proteste-t-elle.

— On ne peut pas passer toute la journée ici.

Elle semble incapable de se décider, se balançant d'un pied sur l'autre. Je me rappelle la façon dont elle s'est comportée, quand nous avons choisi un jouet. Je suis à fleur de peau, impatiente, mes nerfs ayant déjà été ébranlés par l'arrestation de Jack.

Je lui suggère en maîtrisant ma voix :

— Prends-en deux. Un pour toi, un pour Matilda.

Le subterfuge fonctionne.

— Un Rocky Road pour Matilda et du chocolat pour moi, décrète-t-elle.

Sur le retour, nous sommes à mi-chemin quand elle éclate en sanglots.

— Je ne veux pas de chocolat. Je n'en veux pas.

Tony me lance un regard suggérant que nous revenions sur nos pas, mais, selon moi, elle va reproduire le même comportement. Il y a un marchand de journaux, à l'angle de la rue suivante, alors je m'engouffre à l'intérieur, achète un sachet de Hula Hoops et du Vimto.

Florence regarde mes achats quand je ressors. Elle pleure toujours. Je ne dis rien, on se remet en marche, et elle se calme peu à peu. Une fois au bureau de Tony, j'ouvre le sachet de Hula Hoops et grignote deux chips. Puis je pose les gâteaux sur la table. Je propose des chips à Tony. Il secoue la tête jusqu'à ce qu'il croise mon regard insistant, alors il en prend une et la mange. Florence l'observe.

Elle devine qu'il se passe quelque chose, mais elle n'arrive pas vraiment à comprendre quoi.

Je secoue le Vimto, le perce avec la paille et avale une gorgée. Je tends la briquette à Florence, qui s'en saisit et boit. Tous ces pleurs ont dû lui donner soif.

Je demande :

— Je peux goûter ton gâteau ? (Elle pince les lèvres, hésite.) Et toi, tu peux manger quelques-unes de mes chips si tu veux.

Elle hoche la tête. Je prends une petite part de son gâteau. Elle mange le reste, puis le Rocky Road, ses petites dents mordant dans les noix avec délice.

Pendant ce temps, Tony passe des coups de fil. La situation est teintée d'une intimité étrange et triste. Comme si nous nous cachions. Enfin, je devrais parler pour moi : comme si je me cachais. Jouant au papa et à la maman. Peu désireuse d'affronter la vraie vie. La vraie mort.

À midi tapant, nous allons acheter les frites. Elles sont énormes, croustillantes et dorées. Le vinaigre me fait monter les larmes aux yeux. Nous les mangeons dans la voiture. Je me brûle la langue. Florence en engloutit une grande quantité. Elle a un formidable appétit.

— Il faut qu'on y aille, dis-je à Tony, pour te laisser travailler.

Il hausse les épaules.

— Ça m'est égal.

— Non, on y va.

— S'il y a du nouveau...

— Bien sûr.

— Je passerai plus tard.

Complètement déboussolée, je ne démarre pas tout de suite. Puis nous rentrons à la maison. Florence et moi nous installons sur le canapé avec Matilda et regardons des films les uns à la suite des autres.

Qu'est-ce que je fais, maintenant ? Comment lui expliquer la situation ?

Quand Kay appelle, je réponds poliment – sans plus – et m'enquiers des derniers rebondissements.

— Dès que j'en sais plus, conclut-elle, je vous en informe.

Ce n'est pas satisfaisant.

Quand la nuit tombe, le vent s'est apaisé. À l'extérieur, les arbres sont immobiles, le sol sèche. Tout est calme. Mais en moi, la tempête fait rage. Je me sens prête à éclater, comme le roi Lear.

Soufflez, vents, jusqu'à ce que vos joues en crèvent ! Déchaînez-vous ! Soufflez ! Ouragans, cataractes, déversez vos torrents jusqu'à ce que vous ayez inondé nos clochers, noyé leurs coqs !

CHAPITRE 15

17 Brinks Avenue
Manchester
M19 6FX

Y a-t-il la moindre chance que tu sois relaxé ? Cette seule pensée me fiche la frousse. Je n'ai pas envie que tu rôdes près de moi, près de Florence. Non, ils ne vont sûrement pas te libérer maintenant ; ils doivent détenir suffisamment de preuves, puisqu'ils t'ont arrêté.

Ta tentative de fuite, tes dénis véhéments, voilà ce qui t'a trahi. Bondir sur tes pieds, essayer de passer devant le policier en le bousculant, te débattre, crier. Si tu étais innocent, je suis certaine que tu aurais réagi différemment. Affiché une incrédulité transie, émis un rire nerveux. On aurait lu sur ton visage de la douleur, un sentiment d'injustice, une colère grondante, de l'indignation. Tu aurais dû mieux répéter. Préparer la scène. Peut-être l'as-tu fait, d'ailleurs, mais quand ils sont venus avec leur mine décidée et leurs menottes, leur impassible mise en garde qu'ils ont récitée machinalement, tes répliques se sont emmêlées, tu es sorti de ton personnage, le masque s'est fissuré.

Tu t'en étais bien tiré jusque-là, je te l'accorde. Un prix d'interprétation. Je n'avais rien soupçonné, absolument rien. Pas un instant, la pensée que cela puisse être toi ne s'est immiscée dans mon esprit, ni ne m'a chatouillé le bas du dos, ou titillé l'estomac. Pas l'ombre de la moindre suspicion. J'étais à mille lieues d'imaginer que tu puisses être autre chose qu'un mari meurtri, gisant sur le bas-côté, assommé par la tragédie qui le frappe. Tu as été superbe. Aucun faux pas, du moins en ce qui me concerne. Remettez un Oscar à cet homme.

Ruth

CHAPITRE 16

Samedi 19 septembre 2009

— Où est papa ?

Je décide de mentir :

— Au travail.

Florence fait la grimace. Mais elle ne pose pas de question sur la façon inhabituelle dont Jack est parti, sur les deux hommes qui l'entraînaient, sur le fait que ses poignets étaient menottés, et qu'il était déchaîné.

Je me raccroche à des détails pratiques.

— Bon, je vais te mettre au lit. Je crois qu'il est temps aussi que tu te laves les cheveux.

— Il reviendra quand ?

— Je ne sais pas.

— Bientôt ? dit-elle, vif hochement de tête à l'appui.

Comme si c'était une affirmation. Elle prend encore ses désirs pour des réalités.

— Maintenant, ajoute-t-elle.

— Pas maintenant.

Bien que je ne sache absolument pas combien de temps Jack sera détenu, ni s'il reviendra. Lui ouvrirai-je ? Nous assiérons-nous autour de la table et prendrons-nous un thé, tandis qu'il prétendra n'avoir pas pu « aider la police dans son enquête » ?

— Je vais te préparer pour aller au lit, puis j'irai moi aussi me coucher, dis-je.

D'un air résigné, elle pousse un petit soupir.

L'ordure. Je le maudis de ce qu'il a déjà fait et des meurtrissures à venir.

Tony ne reste pas longtemps. Florence étant endormie, je suis consciente que nous ne sommes que tous les deux. Cela ne nous est pas arrivé depuis des années.

Il paraît fatigué : un ensemble de petits vaisseaux craquellent ses joues, roseur presque artificielle tranchant avec ses yeux ternes, avec la barbe qui pointe sous son menton. Ses mains tremblent quand il soulève sa tasse de thé.

— Crois-tu que Lizzie fréquentait quelqu'un d'autre ? demande-t-il.

La suggestion me révolte.

— Quoi ? Non. Pourquoi penses-tu que...

— Pourquoi l'aurait-il frappée ? Pourquoi aurait-il fait ça ? interroge Tony avec ferveur. Il l'adorait.

Était-ce cela dont il s'agissait ? D'un crime passionnel ? Un moment de folie. Jack a-t-il soupçonné Lizzie d'adultère et a-t-il perdu la tête ?

— Quand en aurait-elle eu le temps ? reprends-je. Lorsqu'elle ne travaillait pas, elle s'occupait de Florence. Elle n'aurait jamais fait ça, elle l'aimait.

Il y aurait eu des signes, forcément. Je l'aurais su, non ? Cela dit, j'ignorais qu'elle était enceinte.

— J'ai besoin de fumer, dit Tony.

Et il désigne la porte du fond.

— Tu as repris ?

C'est une question purement rhétorique.

Il sort. En revenant, il déclare :

— Il faudra arranger le treillis.

— Ce n'est pas ma priorité, réponds-je, plus durement que je ne voudrais.

Alors j'ajoute :

— Désolée.

Tony est un homme qui va de l'avant, qui résout les problèmes. Un tempérament constructif. Il veut réparer les choses.

Mais le drame qui nous frappe, il ne peut pas le réparer.

L'oreiller dans mon lit dégage des relents bizarres, un mélange de pomme de terre et de fromage. C'est l'odeur de Jack. Ses larmes, sa sueur, sa salive. Je n'ai pas l'énergie de changer les draps, et ne veux pas réveiller Florence, qui dort dans le lit d'enfant, Matilda à la main. Je vais malgré tout chercher l'oreiller dans la chambre d'amis pour pouvoir dormir.

— Mamie, mamie.

Florence est à mon chevet, gémissant, cramponnée à la chaussette chat.

Je lui demande :

— Tu as fait un mauvais rêve ?

Et tu t'es réveillée en te rendant compte qu'il était réel ?

— Tu veux un câlin ? Viens.

Je me redresse et rejette la couette. Elle grimpe dans le lit et se blottit étroitement contre moi. Je l'enlace, puis baise le haut de son crâne, qui sent mon shampoing : pomme et amande. Je l'écoute respirer. De petites saccades qui s'apaisent peu à peu.

Mon bras s'engourdissant, je le retire et déploie les doigts à cause des fourmillements.

Soudain, Milky grimpe sur ma poitrine, repoussant mon menton de sa tête. Quémandant de la nourriture. Par chance, il n'a pas réveillé Florence.

Je constate que ma chemise de nuit est trempée, pourtant je n'ai pas chaud, je ne suis pas en sueur. Le drap est froid et humide entre nous, et en soulevant la couette, je la sens, cette odeur vive d'ammoniac. Florence a mouillé le lit.

Elle frissonne lorsque j'enlève le pyjama imprégné de pipi et ouvre le robinet de la douche.

Quand elle est séchée et vêtue, je change les draps. Le matelas est mouillé lui aussi, et je me demande si j'ai du bicarbonate pour le nettoyer. Comment une si petite enfant peut-elle contenir autant d'urine ? Il faudra que j'achète une alaise imperméable, au cas où ça se reproduirait.

Quoi d'autre ? Il n'y a rien de planifié. Le temps se déploie tel un territoire étranger, dénué de tout repère familier, pays inconnu où je me suis égarée. Je n'en parle pas la langue, ne sais pourquoi je suis ici, ni ce que je dois faire.

Dimanche 20 septembre 2009

L'après-midi touche à sa fin, et j'ai utilisé l'ordinateur pour la première fois depuis une semaine afin de commander un protège-matelas en plastique. Puis j'ai refait le lit. Le reste du temps s'est écoulé très lentement. Florence est fâchée. Elle bourre le canapé de coups de pied, d'un air plein de défi, le visage tout rouge, car je lui ai demandé de ramasser quelques jouets avant de lui lire une histoire. Je veux qu'elle arrête. Je lui ai déjà dit deux fois. Sur le point de craquer, je me réfugie dans la salle à manger et hurle en silence, poings serrés.

Combien de temps va-t-elle continuer ainsi ? Le ressentiment me rend belliqueuse, je ne veux pas m'occuper d'elle, j'ai envie de demeurer insensible, d'être passive-agressive, au lieu de me comporter en adulte responsable, de la distraire ou de la faire obéir calmement. Ce n'est pas bon pour elle, d'être enfermée ici. Cet environnement artificiel. Les limbes dans lesquels nous errons. Elle ne veut pas de moi, elle veut sa maman et son papa. Je m'apprête à lui dire qu'elle peut m'aider à préparer des toasts quand la sonnette retentit.

Est-ce Jack ? La panique s'empare de moi. L'espace d'un instant, je songe à me cacher, mais ma réaction me paraît pathétique. J'ai la bouche sèche, les jambes en coton lorsque j'ouvre la porte... à la commissaire Ferguson et à Kay.

Je sens mon estomac se contracter quand elles entrent.

Personne ne sourit. Dans le salon, Florence marque une pause, puis se remet à donner des coups de pied.

— Venez, dis-je.

Je les entraîne dans la salle à manger. Le soleil se déverse par la fenêtre, l'air est saturé de grains de poussière dorés qui tourbillonnent.

Je déplace une pile de vieux journaux d'une chaise, ôte des manteaux d'une autre, puis nous nous asseyons.

La commissaire prend la parole.

— Ruth, je suis venue vous annoncer que nous avons interrogé Jack dans le cadre de sa garde à vue, et suite à ces interrogatoires et au regard des preuves rassemblées au cours de notre enquête, nous avons convenu avec le ministère public de l'inculper.

J'ai du mal à respirer, comme si je me retrouvais tout à coup dans un milieu dépressurisé. Mes oreilles se mettent à bourdonner, et des points lumineux à danser à la périphérie de mon champ visuel.

— Pour Lizzie ?

— Oui. Jack est inculpé pour le meurtre de Lizzie. Je suis vraiment désolée.

J'en ai le souffle coupé, même si je le crois coupable depuis son arrestation. Des frissons me parcourent le corps.

— Je comprends que ce doit être un choc terrible pour vous, poursuit-elle. Voulez-vous prendre contact avec quelqu'un ?

Avec Lizzie, juste Lizzie.

Je secoue la tête.

— Jack comparaîtra demain devant un tribunal, il s'agit juste d'une formalité pour permettre le transfert de l'affaire à la cour d'assises. Il sera logiquement mis en détention provisoire jusqu'au procès.

Sa voix semble aller crescendo puis diminuer.

— En prison, dis-je.

J'ai besoin d'en être certaine, que ce soit clair comme de l'eau de roche.

— Tout à fait. Il faudra sans doute attendre des mois avant le procès. Il se peut qu'on vous demande de témoigner.

Je m'essuie les yeux.

— A-t-il dit pourquoi ? Pourquoi il a fait ça ?

— Non. Il nie toute implication.

— Vraiment ?

Je m'attendais à ce qu'il comprenne que la partie était finie et qu'il avoue. *Ils soupçonnent toujours le mari.* C'était ce qu'il avait dit, et je m'étais empressée de le rassurer.

Oui, ils soupçonnent toujours le mari.

À juste titre.

— Il devra plaider coupable ou non, mais pour l'instant, il affirme ne pas l'être.

La bouche sèche, je m'enquiers :

— Mais vous pouvez prouver qu'il l'est ?

— Oui. Pour inculper une personne, il faut évaluer si, en fonction des preuves, il y a plus de chances qu'il soit coupable que non, et en l'occurrence nous sommes confiants.

— Il pourrait tout de même être innocenté ?

Je scrute tour à tour la commissaire – croise l'éclat intense de ses yeux – puis Kay au regard calme, à l'affût d'un signe trahissant le moindre doute chez elles.

— On ne peut jamais être certains à cent pour cent de l'issue d'un procès, de la façon dont les jurés réagiront face aux preuves, mais nous en avons de très solides.

Je pense à Jack, enfermé dans une petite cellule : murs en pierre maculés d'humidité, porte à judas, lit métallique, couverture sale.

Et je lui souhaite la mort.

CHAPITRE 17

17 Brinks Avenue
Manchester
M19 6FX

Ce n'était pas moi. Non coupable.

Pendant trois ans, tu as maintenu cette version. Ce mensonge monstrueux. Trois ans sans avoir la bonne grâce, l'humanité, le cran d'assumer ta responsabilité.

Lors d'un accouchement, les douleurs post-partum sont parfois aussi violentes que durant le travail. Ce fut mon cas pour Lizzie : j'étais alors forcée de cesser toute activité et de respirer à fond le temps que passe la contraction. Lors des tremblements de terre, des répliques se produisent après la dévastation première, continuant à détruire ce qui reste debout, à paralyser l'intervention des secours, à terroriser les survivants.

Après le traumatisme lié au meurtre de Lizzie, ton arrestation, le fait d'assimiler qu'elle était morte entre tes mains, est du même ordre : une réplique. Et parce que je suis déjà affaiblie par sa disparition, ta calomnie et ton crime me semblent pareillement odieux.

Je ne peux pas croire qu'elle soit partie.

Je ne peux pas croire que tu me l'aies prise.

Je sais que les faits sont avérés, mais il m'est aussi difficile de les saisir que les grains de poussière qui dansent au soleil dans ma salle à manger.

Au fond de ma bouche, le triomphe a un goût amer, aigre. L'envie de lever le poing, d'acclamer ou d'applaudir des deux mains avec soulagement est étouffée par la sensation de perte effroyable, insensée, attachée à toute cette histoire.

Tu as détruit ma vie tout autant que celle de Lizzie. Sans parler de ce que tu as fait à Florence. Tu l'entends ? Elle est encore en train de gémir et de donner des coups de pied.

Espèce de taré, putain de dégénéré ! J'aimerais que Lizzie ne t'ait jamais connu. Que tu ne sois pas né. Mais alors, Florence n'existerait pas. Je ne suis pas en mesure de négocier. De troquer ma petite-fille contre ma fille. Car ce que tu as fait ne peut être défait. Ce n'est pas une répétition générale, ni une avant-première. Le rideau est tombé, le public est parti depuis longtemps. L'endroit est vulgaire, sordide, sous l'éclairage implacable et froid des lieux. Tu es sous les verrous. Je voudrais faire pleuvoir le malheur et la terreur sur ta tête.

Je veux que tu me rendes ma fille.

Ruth

CHAPITRE 18

17 Brinks Avenue
Manchester
M19 6FX

Tes parents refusent de le croire. Marian m'appelle sur mon portable. Elle a laissé des messages sur le fixe, mais je n'ai pas décroché. C'est comme si j'avais franchi la limite. Je suis déjà accablée par mes émotions, l'idée d'une conversation avec elle est la goutte d'eau qui fait déborder le vase. Mais quand son nom s'affiche, je réponds.

— Nous avons appris la nouvelle pour Jack, dit-elle sans préambule. C'est scandaleux.

Le choix de ses mots me fait hésiter, et je m'interroge toujours sur ce qui est au juste scandaleux quand elle ajoute :

— Ils sont visiblement déterminés à accuser n'importe qui au lieu de faire leur travail correctement et d'arrêter le vrai coupable. Ce monstre de Litton court toujours, lui, et il doit bien rire à nos dépens.

Je lui demande :

— Tu penses que Jack est innocent ?

C'est ça qui est scandaleux. Je sens le rouge me monter aux joues, et la colère éclore dans mon ventre.

— Bien sûr ! explose-t-elle. Ruth, il n'aurait jamais fait une chose pareille, au grand jamais. Comment peux-tu même penser que… Il est innocent. Je connais mon fils. C'est une grave erreur. Je ne sais pas à quoi ils jouent, mais ils n'ont pas arrêté la bonne personne.

Elle s'interrompt, et je me tais.

Quand elle reprend la parole, elle est plus calme, plus mesurée, bien que sa voix tremblante trahisse une profonde émotion.

— Ruth, sincèrement, Jack n'a pas fait de mal à Lizzie. Il l'adorait. Il a besoin qu'on croie en lui, qu'on le soutienne, jusqu'à ce que la vérité éclate.

— Non, dis-je d'un ton catégorique.

— Ruth...

— Non. Mais tu peux faire ce que tu veux.

— Tu ne peux pas le condamner d'emblée. Il est...

— Ce n'est pas moi qui en déciderai, poursuis-je.

— Jusqu'à ce que nous connaissions la vérité...

Je pense à la réaction de Tony, après ton arrestation, sa réticence à croire en ta culpabilité : *Mais tu as perdu l'esprit ?* Je lui ai alors expliqué que j'avais vu, de mes yeux vu, ta première impulsion, celle de la fuite, l'énergie animale qui a jailli de toi, une fois piégé. En quoi les faits bruts te désignaient comme un coupable plus plausible qu'un rôdeur insaisissable ou un inconnu non identifié.

Peut-être que Marian doit te croire parce qu'elle est ta mère. J'essaie d'inverser les rôles, d'imaginer Lizzie soupçonnée de violences, de meurtre, mais j'en suis incapable. Je n'ai pas eu de fils : serait-ce différent alors, une autre perspective s'ouvrirait-elle à moi ? Il est si facile d'incriminer les femmes, n'est-ce pas ? De reprocher à Marian de t'avoir mal éduqué, d'évoquer un problème dans ta relation avec le sexe opposé. Ou d'accuser Lizzie d'avoir eu une liaison, comme Tony l'a suggéré, ou de t'avoir provoqué d'une façon ou d'une autre.

Peut-être que Marian n'ose pas envisager que tu puisses être coupable en raison de ce que cela impliquerait. Les parents ne sont-ils pas prêts à tout pour leurs enfants ? Détruire des preuves, inventer des alibis, se parjurer. Rien que cette année, l'affaire Rhys Jones a fait grand bruit. Un écolier abattu alors qu'il jouait dehors, sur son vélo. La mère de l'assassin a menti à la police et a été condamnée pour avoir entravé le cours de la justice.

— Jack n'a jamais eu le moindre problème de sa vie, plaide Marian. Tu te trompes complètement. Je ne comprends absolument pas comment tu peux croire, ne serait-ce qu'un instant, que...

— C'est l'instinct. Dès son arrestation, j'ai su. Il a tenté de fuir.

— C'est totalement ridicule !

Maintenant, elle s'emporte, devient agressive, me réprimande.

— Tu vas donc le laisser tomber ?

J'oublie toute retenue.

— Il a tué ma fille, putain ! J'espère qu'il pourrira en prison !

Je raccroche.

— Mamie, appelle Florence du salon.

Je ferme les yeux une seconde, puis vais la rejoindre.

Elle est allongée par terre, mains le long du corps, paupières mi-closes ; elle les ferme soudain quand j'entre dans la pièce.

— Où est Florence ? dis-je en faisant mine de ne pas la voir.

Elle adore jouer à cache-cache. Même si, généralement, elle choisit des endroits un peu plus judicieux pour se cacher.

— Je suis là, répond-elle. Regarde !

— Mais que fais-tu par terre ?

— Je suis morte.

Et merde ! J'ai l'impression que mon estomac s'affaisse d'un coup. Je réprime l'envie subite de la relever brusquement, de la sommer d'arrêter ce jeu stupide. Un frisson d'incertitude me traverse : dois-je lui poser plus de questions, lui laisser l'opportunité de s'exprimer, ou lui réexpliquer ce que la mort signifie, ce qui est arrivé à Lizzie ? Vérifier si elle a vraiment compris ? Mais je ne suis pas prête, je me sens trop meurtrie.

— Ah bon ? dis-je. C'est triste. Donc tu ne voudrais pas par hasard des beignets de poisson ?

Elle ouvre grands les yeux.

— Si ! s'écrie-t-elle.

— Combien en veux-tu ? Trois ?

— Deux, non trois.

Elle se redresse et se frotte le bout du nez d'un revers de manche.

Il faudra aussi que je lui dise, pour toi. Elle doit nager en pleine confusion. La scène dans la cuisine, sa tentative pour te protéger, pour te retenir. Mon mensonge concernant ton travail. J'ai besoin d'aide. Assurément, il doit y avoir des conseils en ligne, émanant d'associations spécialisées dans l'accompagnement du deuil, sur la meilleure façon d'évoquer le thème de la mort avec une enfant de quatre ans. Mais je doute qu'il y en ait beaucoup expliquant que, selon la police, c'est papa qui a fait ça. Que papa a tué maman.

Elle t'adore.

Et je vais détruire ça.

Ruth

CHAPITRE 19

17 Brinks Avenue
Manchester
M19 6FX

Rebecca est là. Dès que j'ouvre la porte, elle se met à parler, affirmant que si elle tombe mal elle peut repasser plus tard, puis elle fond en larmes.

Je la fais entrer.

Rebecca est la meilleure amie de Lizzie. Elles se sont rencontrées à l'école primaire. Elle a trois sœurs aînées. Son père a quitté le foyer quand elle était encore un nourrisson. Sa mère en fut malheureuse, ce qui rejaillit sur ses filles, et plus particulièrement sur Rebecca. Élever seule quatre enfants, ce n'est pas une mince affaire ! J'ai toujours été navrée pour Samantha, mais elle n'a jamais accepté mes marques de sympathie. Elle occupait un poste de secrétaire dans une école privée, à Sale. À plusieurs occasions, alors que nous allions chercher les enfants à la garderie, après l'école, je l'avais entendue rabaisser Rebecca. Je n'ai jamais eu le courage d'interroger directement cette dernière à ce sujet, mais quand elle venait dormir ou jouer à la maison, je m'efforçais toujours de la complimenter, parce qu'elle était adorable.

J'aimais les entendre ces deux-là, Lizzie et Rebecca, quand elles éclataient de rire. Jamais la moindre animosité entre elles.

Voyons, Rebecca, tu es aveugle ou stupide ?, ou encore : *Tu peux tout à fait t'en passer, bon sang ! Ou alors tu t'en achètes un nouveau avec ton argent de poche, tu me fatigues...*

Ce n'étaient pas tant les propos de Samantha que la dureté de son ton qui me mettait mal à l'aise. Ces mots devaient blesser Rebecca.

Chaque fois que Samantha venait à la maison, je lui proposais une tasse de thé ou de café. Elle refusait toujours. Je crois qu'elle ne m'appréciait pas trop. Peut-être sentait-elle que je désapprouvais la façon dont elle s'adressait à sa fille. Peut-être qu'elle-même s'en voulait. Je peux comprendre : quand Lizzie était bébé et qu'elle hurlait à pleins poumons, j'étais en colère contre elle, injuste, bref, j'éprouvais des émotions semblables. Je me sentais presque indifférente tant j'étais frustrée. Donc si j'avais eu quatre enfants, un boulot et pas de partenaire, j'aurais sans doute eu comme elle des raisons d'être excédée.

Lizzie dormait rarement chez Rebecca. Elle m'a raconté, des années plus tard, que Samantha criait tant sur sa fille que celle-ci finissait par se mettre à pleurer, ce qui perturbait réellement Lizzie.

Rebecca va rudement souffrir de sa disparition.

— Je suis désolée, répète-t-elle.

Et moi, je lui dis que ça va aller et que je suis heureuse qu'elle soit venue. Quand elle est plus calme, nous nous installons dans le salon, jonché des jouets de Florence.

— La police… (Je me racle la gorge.) Ils ont inculpé Jack du meurtre de Lizzie.

Rebecca hoche la tête. Elle a les cheveux châtain brillant, coupés au carré, et est vêtue de façon originale : tunique aux motifs géométriques noir et blanc, collants imitation tweed, Converse et gros bijoux fantaisie. Sur une autre personne qu'elle, l'accoutrement paraîtrait bizarre, mais en l'occurrence, l'ensemble lui va à merveille. Petite précision importante : elle se ronge les ongles.

— Il l'a frappée ? demande-t-elle.

A-t-elle besoin de connaître les détails ? Comme moi ? La grotesque litanie des blessures.

L'arrière du crâne de Lizzie comportait de multiples fractures, l'orbite de l'œil droit était fracturée, ainsi que le nez et le cubitus droit… Une douzaine de coups, au moins.

J'acquiesce du menton.

— Ils pensent qu'il a utilisé le tisonnier.

Ma voix se brise.

— Non…, s'écrie-t-elle avec une grimace d'épouvante.

Je sens qu'elle est mal à l'aise, je m'apprête à reprendre la parole, mais elle ajoute :

— Il l'avait déjà frappée avant ça.

Sa lèvre tremble, et elle pose les doigts sur sa bouche.

Mes traits se figent, je la regarde fixement.

— Quoi ?

— Jack. (Elle se mordille le pouce.) Ce n'était pas la première fois qu'il frappait Lizzie.

J'ai l'impression de tomber. Mon estomac descend en piqué. Je ne sais que dire.

— Comment… Quand ?

Elle cligne des yeux.

— Cet été. Et une autre fois avant, à ma connaissance.

Ma tête me semble pesante, on dirait que le sang s'y est coagulé. L'esprit embrumé comme si je venais de recevoir un coup de poing, je demande, abasourdie.

— Tu en es sûre ?

Rebecca acquiesce. Elle a les larmes aux yeux.

— Elle me l'avait confié.

Et pas à moi ? La trahison me brûle le cœur. Comment Lizzie a-t-elle pu me cacher cela ?

— Raconte-moi, dis-je.

— Quand elle était enceinte de Florence, on allait à la piscine ensemble. Mais, un jour, elle a annulé, affirmant qu'elle ne se sentait pas bien, et je lui ai proposé qu'on aille se promener à la place. (Rebecca renifle.) Je suis passée la chercher puis, à un moment, je lui ai pris le bras, et elle a poussé un cri.

Rebecca s'interrompt et se mord la lèvre.

— C'est là qu'elle me l'a avoué.

Sa voix devient plus faible.

Elle était enceinte à l'époque. Tout comme cette fois.

— Elle m'a fait jurer de ne rien répéter à personne. Elle m'a raconté que Jack était déprimé à cause du travail, qu'il n'avait décroché aucun contrat depuis un certain temps, alors elle avait essayé de le rassurer et de dédramatiser la situation, mais il s'en était pris à elle. Il n'avait vraiment pas voulu lui faire de mal, et il en était désolé.

Rebecca me regarde droit dans les yeux.

— Je lui ai conseillé de partir. De venir s'installer chez moi. De porter plainte. Elle m'a répondu qu'après, quand il avait regretté sincèrement son geste et lui avait demandé pardon, elle l'avait prévenu que s'il recommençait, elle le quitterait et ne reviendrait plus jamais. Et il lui avait promis que ça ne se reproduirait pas.

Et Lizzie l'avait cru ?

J'enfouis mon visage dans mes mains.

Je te revois pleurer quand la commissaire Ferguson a annoncé que Lizzie portait des jumeaux. Je t'imagine la frapper, lui faire du mal. Tes traits déformés par la colère. Lizzie se dérobant pour éviter les coups, criant alors qu'ils pleuvaient, ton poing s'abattant sur son ventre, ses cheveux que tu tires. Ses si beaux cheveux...

— Pourtant, dis-je à Rebecca, ça s'est reproduit.

— Tout s'est bien passé pendant un certain temps, explique-t-elle. Pendant plusieurs années. (Elle hausse les épaules.) C'est ce que prétendait Lizzie.

Elle me lance un coup d'œil nerveux.

— Continue, dis-je.

Milky arrive, queue dressée, en se frayant un chemin parmi les jouets sortis de leur caisse. Il saute sur l'accoudoir du canapé, à côté de moi.

— Je lui demandais parfois où en étaient les choses entre eux, mais elle répétait que tout allait bien, que Jack devait juste s'affirmer dans son travail. Et puis, cet été, on devait sortir entre filles, nous deux, Hannah et Faith. Lizzie a appelé pour annuler au dernier moment, sous prétexte qu'elle avait une gastro. J'ai trouvé ça un peu bizarre, et je suis passée chez eux le lendemain, sans prévenir. Ils étaient là tous les deux, ainsi que Florence. C'est Jack qui m'a fait entrer. Il était accueillant, bavard. Il nous a préparé du thé. Il est resté dans la pièce, avec nous. Lizzie m'a dit qu'elle avait été malade et que je ne devais pas m'approcher trop près d'elle. Elle m'a demandé comment allaient les filles, et c'était... enfin, un truc ne tournait pas rond, tu comprends.

Non, je ne comprends pas, je ne savais pas.

— En sa présence, je ne pouvais pas poser de questions, je ne voulais pas aggraver la situation. Et puis je me demandais si je ne me faisais pas des films. Elle avait l'air épuisée. Tout à coup, Florence a grimpé sur ses genoux, et elle a poussé un cri, elle est devenue pâle comme un linge. Elle avait mal, tentait de le cacher, elle a improvisé une excuse, mais il était évident qu'elle souffrait. Tout cela sonnait faux. Après, je lui ai envoyé un texto pour lui demander si elle allait bien et si je pouvais faire quoi que ce soit pour l'aider. Elle m'a rassurée pour se débarrasser de moi.

— Tu aurais dû me prévenir, dis-je.

— Je ne pouvais pas. Je lui avais promis.

— Elle était en danger. Si nous avions su...

— Je suis désolée, Ruth ! s'écrie-t-elle en pleurs. Elle était mon amie, et je lui avais fait une promesse.

Oh, Lizzie ! Lizzie. Comment as-tu pu être aussi stupide ?

Et j'ai un haut-le-cœur en constatant que je la blâme. C'est toi qui l'as frappée. Toi qui l'as tuée. Je me raccroche à cette idée. À toi.

— Rebecca, il faut témoigner auprès de la police, dis-je. S'il l'a déjà frappée, alors...

— C'est fait. J'y suis passée hier, j'ai fait une déposition.

Avant qu'ils ne t'inculpent.

— Je regrette de ne pas t'en avoir parlé, reprend Rebecca d'un ton contrit. J'aurais dû le dire à tout le monde, mais maintenant, c'est trop tard.

Elle sanglote et se frappe le front.

Je me lève pour lui saisir les poings et l'en empêcher.

— Tu ne pouvais pas deviner. Et le seul coupable, c'est Jack. Personne d'autre. Pas toi, ni Lizzie, mais Jack. Tu m'entends ?

Rebecca est partie. Je suis en colère contre elle, contre Lizzie. Je me répands en injures contre les deux. Et contre toi. Espèce de salaud. Je te vois lui flanquer des gnons, la cogner. Est-ce que tu l'insultais aussi ? La ridiculisais, l'humiliais ? Espèce de brute. Est-ce pour cela qu'elle est morte ? Parce que tu as perdu le contrôle ? Parce que ta femme te servait de punching-ball ? Parce que ta rage était plus grande que ton amour ?

Des protestations se bousculent dans mon cerveau. Lizzie n'était pas stupide. Elle devait savoir que tu la frapperais de nouveau. Si elle s'était confiée à moi, si j'avais su, alors j'aurais... *Fait quoi, exactement ?* Une voix froide et cruelle vient s'en mêler : *Tu l'aurais sauvée ? Tu aurais dénoncé les faits ? Demandé une mesure d'éloignement, une injonction ? Tu aurais obligé Jack à suivre des cours sur la gestion de la colère ?*

Si elle avait cessé de se confier à Rebecca, en aurait-il été autrement avec moi ?

Je crois vraiment ce que j'ai dit à Rebecca, à savoir que tu es la seule personne à blâmer, mais le fait que Lizzie supportait ta violence et qu'elle me la cachait, qu'elle n'ait pas requis mon aide ni mon soutien, me donne envie de hurler. N'avait-elle pas confiance en moi ? Imaginait-elle que j'aurais eu une moins bonne opinion d'elle ? Ou que je serais intervenue ? Ou alors que je l'aurais critiquée ? Était-elle honteuse ? Honteuse de ton comportement, honteuse de sa soumission, de son incapacité à réagir, à s'en aller ? De mon côté, j'ai honte qu'elle m'ait dissimulé ce secret, ce sale secret au cœur de votre mariage. Honte de n'avoir pas été une assez bonne mère.

Savais-tu qu'elle était enceinte ? Ou bien est-ce un autre mensonge ? De toute évidence, cela ne te répugnait en rien de frapper une femme enceinte. Tu es un homme petit, pathétique. Tels sont les tyrans, non ? Redoutant de dévoiler leurs faiblesses, lâches, pétris de dégoût envers eux-mêmes ? Attaquer les autres est une façon de se sentir plus fort, plus puissant, de dominer ? Y a-t-il beaucoup de violence en prison ? Je t'imagine en faire les frais en attendant l'ouverture du procès. J'en jubilerais, sauf que je ne veux plus être cette personne-là, qui te déteste, te méprise et ainsi de suite, car c'est une façon de te donner du pouvoir. J'en ai assez de toi ; ma tête, mes dents, mon sang, ma colonne vertébrale te vomissent.

Il faut que je t'exorcise. Est-ce que ça marchera ? Ce besoin d'explication, cette quête de compréhension ?

Je l'ignore.

Mais il ne me reste rien d'autre.

Ruth

CHAPITRE 20

17 Brinks Avenue
Manchester
M19 6FX

Florence est comme un crampon. Elle s'accroche à moi. Elle doit être à moitié convaincue que je serai la prochaine personne qui disparaîtra. Et quoi d'étonnant ? Tu te rappelles la façon dont elle s'est agrippée à tes jambes quand ils sont venus t'arrêter ? Dont elle te suivait partout juste avant ? Son zèle, ses tentatives de retenir le seul parent qui lui restait ont échoué, elle est pratiquement orpheline, à présent.

Elle dort avec moi et mouille le lit toutes les nuits. Elle ne me quitte pas d'une semelle de son réveil à son coucher, et trouve parfois le moyen d'en repousser l'heure, de sorte qu'il lui arrive de s'endormir à 21 heures, voire plus tard.

Ma réaction face à son attitude est ambiguë. Ayant perdu Lizzie, je veux garder Florence tout près de moi. Et il est vrai qu'à la pensée de la déposer à l'école et de revenir seule à la maison l'angoisse me saisit.

N'as-tu donc rien appris ? semble me demander tout mon être.

Tu as laissé Lizzie voler de ses propres ailes, tu lui as permis de devenir autonome, et regarde ce qui lui est arrivé.

Je redoute d'étouffer Florence, de l'envelopper dans un cocon douillet et de la rendre trop dépendante de moi, incapable de s'émanciper. Ce besoin de la sentir tout près alterne en moi avec une soif de solitude, de paix, de temps libre qui me permettrait de réfléchir à la situation. Quand je ne l'étouffe pas, c'est elle qui m'oppresse.

Je sais qu'elle a besoin d'une personne stable, fiable et aimante auprès d'elle, et que ce doit être moi, mais je trouve cette responsabilité si pesante. Sa présence m'apporte du réconfort, ne te méprends pas, mais il est des moments où j'ai juste envie de me courber en deux et de pleurer Lizzie. Des jours où je voudrais rester au lit toute la journée, ou simplement m'asseoir au fond de la cour et regarder fixement les murs. Je suis épuisée, je ne sais pas comment mes jambes continuent à me porter, ni comment j'arrive à aligner une phrase correctement.

Le soir, quand je n'ai plus la moindre énergie, je m'effraie moi-même de penser que mon besoin égoïste d'espace, de temps pour moi ne m'apportera rien de bon.

Le soleil brille, il fait une chaleur qui n'est pas de saison, on pourrait se faire bronzer, et il faudrait même mettre de la crème solaire. Je vais dire à Florence ce que tu as fait, du moins ce dont la police te soupçonne. Elle est dehors, elle enlève le terreau de la jardinière, celle qui est tombée du mur, le matin où ils sont venus te chercher.

Milky est étalé dans l'allée, absorbant la chaleur, ouvrant un œil chaque fois que Florence fait claquer la truelle sur le sol.

Je lui prépare un jus de fruits, ajoute une paille et vais le lui porter.

Elle est accroupie et a enlevé le chapeau que je lui avais prêté, et maintenu sur la tête à l'aide d'une épingle de nourrice.

— Tiens, lui dis-je. Si tu ne portes pas le chapeau, il faut qu'on mette plus de crème.

Elle hausse les épaules. Je la menace.

— Bon, je vais la chercher.

Elle ramasse bien vite le chapeau et s'en coiffe, puis me lance un coup d'œil par-dessous.

— Tu es gentille, conclus-je.

J'ai répété ce que j'allais lui dire avec Tony et Bea. Faire simple, attendre sa réaction et rebondir en fonction. Elle n'a pas posé de questions à ton sujet depuis l'arrestation. Mais je l'ai surprise en train de regarder sous les lits, dans le placard, et quand je lui demande ce qu'elle cherche, elle répond : « Rien. »

C'est peut-être toi qu'elle cherche, ou Lizzie. Incapable d'accepter ton absence. Espérant que, si elle est sage, vous reviendrez tous les deux. Qu'elle retournera à la maison, retrouvera Bert, et que tout redeviendra comme avant.

Florence prend le jus de fruits et en avale une gorgée. Une coccinelle se pose sur mon chemisier.

— Regarde, Florence.

Elle se tourne vers moi, acquiesce, pose son verre et se remet à gratter la terre.

— Tu sais que maman est morte, dis-je.

Elle hésite, laisse tomber la truelle et incline la tête, le visage caché par le chapeau.

Je poursuis :

— C'est très triste, maman ne reviendra pas. Elle ne peut pas revenir, et elle nous manque à tous énormément.

Florence presse le terreau avec ses deux mains. Mes mots la pénètrent-ils ? La traversent-ils ?

— Tu dois te sentir en colère, seule, et triste au fond de toi. Tu te souviens, l'autre jour, quand les hommes sont venus chercher ton papa ? Eh bien, ils pensent que papa a peut-être fait du mal à maman. Il...

Je ne peux pas prononcer le mot « tué ».

— Ils pensent qu'elle est morte à cause de lui. Donc il doit rester dans un endroit précis, qu'on appelle une prison. Il ne va pas rentrer à la maison.

— Il va venir chez mamie ? demande-t-elle, pleine d'espoir.

Bien sûr, ce n'est pas la maison, ici.

— Non, il va rester là où il est actuellement jusqu'à ce qu'on puisse déterminer s'il a fait du mal à maman et l'a fait mourir. Et toi, tu veux me dire quelque chose ?

Elle ne prête pas attention à mes paroles et se met à éparpiller de la terre avec ses doigts.

— Tu veux savoir quelque chose sur maman ou papa ?

De nouveau, pas de réponse.

— Tu étais une gentille petite fille avec maman et papa, la meilleure. Tous les deux t'aiment énormément, énormément. On ne sait pas pourquoi papa a fait du mal à maman, mais maman ne peut pas s'en remettre. Toi, tu n'as rien fait de mal. Tu as toujours été une bonne petite fille. On se fait un câlin ?

Une fois de plus, elle m'ignore, se redresse, puis enlève son chapeau et le jette par terre. Elle rentre dans la maison.

J'ai l'impression d'avoir échoué, mais qu'est-ce que j'espérais ? Elle a quatre ans. Je me rappelle à peine avoir eu cet âge. Mon seul souvenir de cette époque, c'est une blouse rayée que je portais pour peindre en classe de maternelle.

— Mamie ?

Florence m'appelle au bout de quelques minutes. Elle est dans la cuisine. Une guêpe est tombée dans sa tasse, et y tournoie, bourdonnant de colère dans sa tentative de fuite. Je prends le tout et la lance dehors. Plantée sur le seuil, Florence observe la guêpe jusqu'à ce qu'elle s'envole.

— Je veux rentrer à la maison, dit-elle, lèvres tremblantes.

— Je suis désolée, Florence, mais tu ne peux pas rentrer à la maison, tu dois rester ici.

— Je veux rentrer à la maison avec maman.

— Maman n'est pas là-bas. Maman est morte. Elle ne peut pas rentrer à la maison. Elle ne peut plus aller nulle part. Un jour, nous nous rassemblerons tous, toute la famille de maman, et nous organiserons une cérémonie spéciale pour lui dire au revoir, mais elle ne pourra pas nous entendre, ni nous voir, parce que son corps ne fonctionne plus. Il est cassé.

— Les docteurs peuvent le réparer, objecte-t-elle.

— Non, ce n'est pas possible.

— Et papa, ils peuvent le guérir ?

— Papa n'est pas mort, il est en vie, comme toi et moi, mais il doit être jugé, et les gens décideront s'il a fait mal à maman et l'a fait mourir.

Pendant tout ce temps, je songe que c'est grotesque, macabre, mais les sites Web que j'ai consultés préconisent tous la même chose : être honnête, parler ouvertement, de façon directe, utiliser un vocabulaire approprié à l'âge de l'enfant.

Son visage est dénué de toute expression, comme si elle se cachait. Je n'ai pas la moindre idée de l'endroit où elle s'est retranchée. Ni de ce qu'elle pense ou ressent.

Savait-elle ? Savait-elle que parfois tu maltraitais sa mère ? Que papa devenait méchant et cognait sévèrement maman ?

Trop sévèrement, cette fois-ci.

Qu'as-tu fait ?

Trois semaines après la mort de Lizzie, je suis à l'école avec Florence. Il est temps qu'elle renoue avec ses habitudes. Elle ne voulait pas y aller, mais elle n'a pas pleuré ni piqué de colère. Elle est restée très calme.

Ses camarades de classe, Ben et Paige, sont contents de la voir. Ils ne cessent de lui apporter de petits objets, essayant de l'attirer dehors, comme Milky avec ses oiseaux morts le fait pour me plaire.

Florence les regarde à peine. Je suis assise à la table, près d'elle. Nous avons lu quatre livres ensemble, puis, son poids m'écrasant les cuisses (c'est une chaise d'enfant), je la convaincs de s'asseoir dans la maisonnette installée dans l'angle de la pièce, et qui a l'allure d'une épicerie. Je ne compte pas la laisser ici aujourd'hui. Cela prendra du temps.

Les rares fois où je lis, en ce moment, c'est pour Florence. La date de restitution des livres que j'ai empruntés à la bibliothèque est largement dépassée. J'ai perdu tout intérêt, toute capacité à me concentrer, à m'investir. Presque comme si j'avais perdu un sens.

Ton nom a été cité, quand tu as été convoqué au tribunal ; tout le monde en a parlé. Ils ont utilisé la photo de ton profil Spotlight, qui doit dater de quelques années. Les enfants de la maternelle sont trop jeunes pour comprendre ce qui se passe, mais ceux qui ont des frères et sœurs dans les classes supérieures ont peut-être entendu parler de l'affaire et répété ce qu'ils ont saisi. Les enfants parlent, comme les adultes. Espérons que le statut tristement célèbre de Florence ne la conduira pas à subir les sarcasmes des autres.

Ta maman est morte. C'est ton papa qui a fait ça.

Si tentant pour un enfant en quête d'une proie facile.

Je ne peux pas me débarrasser du sentiment de honte qui me colle à la peau, me consume de l'intérieur. J'ai honte parce que tu l'as tuée, parce que je n'ai pas compris que tu représentais un danger, et que je ne l'ai pas protégée. Nous sommes tous souillés. Aurait-ce été plus facile s'il s'était agi d'une attaque commise au hasard par un inconnu ? J'imagine que oui. Une perte immense, mais pas deux.

Ruth

CHAPITRE 21

17 Brinks Avenue
Manchester
M19 6FX

L'autopsie indépendante demandée par ta défense ayant été réalisée, le médecin légiste nous a enfin donné l'autorisation d'organiser les funérailles. On est en décembre.

Je touche la main de Lizzie. Elle est glacée, lisse, lourde. Et inerte.

L'entrepreneur des pompes funèbres a recouvert son visage d'un linge blanc. Il lui a mis les vêtements que j'ai apportés. Le chemisier en soie verte et bleue qu'elle aimait, ainsi que son pantalon en lin.

Il fait frais dans la maison funéraire ; j'ai la chair de poule. Lizzie, elle, ne ressent plus le froid. Mon regard se pose sur ses bras nus. Et ses pieds. Ses orteils vernis en rose pour être assortis à ses doigts. L'entrepreneur des pompes funèbres lui a fait une manucure. Des doigts plus semblables aux miens qu'à ceux de Tony, mais plus minces. Plus longs. Nous la comparions souvent à nous. Nous nous attribuions chacun de ses traits, de ses expressions. Elle avait ses yeux à lui, mes cheveux, son sens de l'humour, mon amour de la langue, son groupe sanguin, mon rire, ses dents, ma peur du vide.

Ses mains à elle, fluides et rapides, exécutaient des signes, des symboles, passant sans heurts d'une forme à une autre, pour donner un sens. Une langue différente que je ne pouvais utiliser, mis à part une poignée de gestes.

Elle ne m'a jamais parlé de ta violence, ni en anglais, ni dans la langue des signes. Aurais-je dû la déceler ? Entre les mots, dans un clignement d'œil, ou dans l'inclinaison de sa tête ? M'a-t-elle un jour envoyé un appel au secours qui m'a échappé ?

La nouvelle réalité jette une ombre sur chaque chose du passé. Maintenant, quand je me souviens d'elle et de toi – à votre mariage, à l'hôpital pour la naissance de Florence, posant devant les arbres d'Andy Goldsworthy lors de ce voyage que nous avions fait au Yorkshire Sculpture Park –, je ne me fie plus à ma mémoire. À la place, je vois un péril, de l'hostilité, de l'appréhension. Le sourire qu'elle t'adresse est teinté de soumission, la façon dont elle prend ta main une tentative pour rentrer dans tes bonnes grâces ou obtenir ton pardon. Son rire, son baiser, un effort pour te plaire, te complimenter, t'apaiser.

Toutes ces fois où j'ai lancé des invitations – *Viens prendre le thé, on va se promener, tu crois que Florence aimerait la pantomime ?* – et où elle déclinait : occupée, en déplacement, déjà vu. Maintenant, je ne sais si c'était vrai ou si elle se cachait. Cachait ses blessures, dissimulant sa honte et les traces laissées par les coups.

Je l'ai élevée, Tony et moi l'avons élevée, pour qu'elle soit elle-même. Nous l'avons incitée à penser qu'elle pouvait faire tout ce qu'elle désirait, être qui elle souhaitait. Que sa vie lui appartenait et qu'elle pouvait la mener comme bon lui semblait. Qu'elle était aussi douée que n'importe qui d'autre, aussi forte, belle et courageuse. Qu'elle devait traiter autrui comme elle-même voulait qu'on la traite. Du moins je pensais que c'était les valeurs que nous lui avions transmises.

Les effets du simulacre se répercutent sur le passé et se transmettent au futur.

Ta mère me parle. Toujours la même rengaine sur ta nature bienveillante, le fait que tu as un bon fond, que tu ne ferais pas de mal à une mouche. J'ai envie de lui opposer ton identité de mari violent, de lui demander si elle était au courant, si d'anciennes petites amies s'en étaient déjà plaintes. Est-ce une tare que tu as héritée de tes parents ? Marian avait-elle l'habitude que le poing d'Alan s'abatte sur elle, ou de sentir son pied s'écraser dans ses côtes ? D'où te vient cette haine destructrice ?

Mais je me retiens, car, bien que je ne sois pas coutumière de ce genre d'affaires, je devine que Rebecca peut être un témoin à charge contre toi, et je ne veux pas que tu saches, que tu aies l'opportunité de t'y préparer.

Marian m'informe que tu veux assister à l'enterrement. Bien sûr ! C'est tout à fait compréhensible, cela fait partie de la mascarade de l'homme accusé à tort, de l'époux dévoué.

J'en suffoque de rage.

Il faudrait me passer sur le corps, voilà ce qui me vient à l'esprit, mais je dis :

— Pas question.

— Il est innocent. Même si tu ne le crois pas, il est considéré comme innocent. Jusqu'à ce que sa culpabilité soit prouvée. Lizzie était sa femme. Il a parfaitement le droit...

— Il n'en est pas question. Il a pensé à Florence ? L'épreuve que ce sera pour elle ?

— Elle ne va quand même pas y aller ? me demande-t-elle avec un air dégoûté.

— Si, réponds-je d'un ton aussi ferme que possible. C'est important qu'elle puisse lui dire au revoir. Et il serait catastrophique pour elle que Jack surgisse tout à coup, puis disparaisse de nouveau.

Mais son bien-être, tu n'en as rien à faire, n'est-ce pas ? Il n'y a qu'une personne qui compte dans ton univers : toi. Le grand Moi. Si tu avais eu une once d'amour pour ta fille ou quiconque, tu ne nous aurais pas infligé la parodie d'un procès. Tu aurais eu assez d'honneur pour passer aux aveux, l'épargner, nous épargner à tous ce qui a suivi.

J'appelle Kay et lui annonce à brûle-pourpoint la nouvelle, attendant qu'elle me rassure.

— Il est en droit de demander une permission exceptionnelle, et, si elle lui est accordée, il sera escorté par la police. Cependant, un certain nombre de facteurs seront pris en compte, il faudra évaluer les risques. Le plus important consiste à déterminer s'il y en a un pour lui-même ou pour les autres, s'il pourrait s'ensuivre des incidents affectant l'ordre public.

— Et si je menace de le tuer ?

— Allons, vous êtes bouleversée, réplique Kay. Je sais que ça fait un mal de chien.

Elle ne croit pas à mes menaces.

— Vous avez pensé à Florence ? Ce serait affreux pour elle.

Je me rappelle le jour où ils sont venus t'arrêter, la façon dont elle s'est précipitée vers toi. Je ne sais pas ce qui se passe dans sa tête, ce qu'elle comprend de la situation. Si d'instinct elle se ruera sur toi, ravie que tu sois revenu pour constater alors que l'on t'entraîne de nouveau loin d'elle. Ce serait lui rejouer une scène épouvantable. Mais peut-être aura-t-elle peur de toi, maintenant. Saisissant que tu as tué Lizzie, s'imaginant qu'elle est la prochaine victime. Quoi qu'il en soit, ta venue lui sera préjudiciable. Et elle ne va déjà pas bien. Elle est trop vulnérable pour qu'on lui inflige un traumatisme supplémentaire.

Je m'efforce d'en convaincre Kay, qui m'affirme que l'intérêt de Florence sera assurément pris en compte.

Mais comment sauront-ils, ces gens qui prennent la décision ? Ils n'ont pas rencontré Florence, ne lui ont pas parlé. Ils ignorent quel bon acteur tu es.

Tu as obtenu gain de cause. Ta présence profane la journée. J'ai expliqué à Florence jusqu'à en perdre le souffle que papa allait venir dire au revoir à maman lui aussi, mais, comme personne ne savait encore s'il avait fait du mal ou non à maman, il devrait retourner en prison après. Son visage est dénué d'expression. J'y guette de l'excitation, la danse de l'anticipation ou l'ombre de l'anxiété, mais n'y perçois rien.

— Papa n'aura pas le droit de te parler, ni de te serrer dans ses bras ou de s'asseoir à côté de toi.

Elle prend Matilda.

— Tu emportes Matilda ? Bon plan, Peter Pan.

Ce chat en chiffon fait désormais office de doudou et a supplanté Bert dans le cœur de Florence. Et il vaut mieux ne pas penser à sa réaction si elle le perdait.

Les autorités ont estimé que tu ne représentais aucun danger pour nous, et réciproquement. Il n'y aura pas de moto de la vengeance fonçant sur toi pour te mettre en pièces. Pas de coups de feu tirés d'une voiture en marche. Pas de commandos de voisins se bousculant pour fondre sur toi, ni de groupes d'autodéfense armés et assoiffés de sang.

Je ne t'ai pas revu depuis ton arrestation. Alors que nous patientons à l'extérieur du crématorium dans nos tristes vêtements noirs, odeur de gel dans l'air et murmure du cortège funèbre tout autour, mon énergie est concentrée sur un seul point : l'attente de ta grande entrée.

Tony, Denise et moi saluons les gens ; certains font un effort pour adresser quelques mots à Florence. Elle ne répond rien, pas même à ceux qu'elle connaît, comme Rebecca ou mon amie Bea. Pas plus aux amis sourds qui nous disent : « Bonjour » et : « Désolé » en langue des signes.

Nous avons loué les services d'un traducteur pour le service, une personne qui travaillait avec Lizzie, de sorte que chacun puisse comprendre ce qui sera dit.

Je m'efforce de te regarder en face. Tu as toujours la même tête. Comment peux-tu avoir exactement la même apparence, alors que je sais ce que tu as fait ? Mais à quoi je m'attendais, au juste ? Que des cornes te soient poussées, à la marque de Caïn, à la décrépitude du portrait de Dorian Gray ? Tu es escorté de gardiens de prison et tu portes des menottes.

Florence te voit. Elle est devant moi, j'ai posé les mains sur ses épaules et je la sens sursauter. Elle esquisse un mouvement pour s'élancer vers toi, je l'étreins gentiment, et elle se souvient de mes recommandations et se laisse retomber contre moi. Elle t'adresse un petit signe de la main. Un salut timide, elle ne lève pas la main très haut, un geste furtif et incertain. Je te vois blêmir, un éclair de chagrin traverse ton visage. Je croise ton regard. Tu as l'air triste, malheureux, mais mon cœur t'est fermé, telle une motte de glaise dans ma poitrine, visqueuse et froide. Je ne masque l'amertume et la colère que j'éprouve en te voyant, puis, quand je suis certaine que tu les as bien vues dans toute leur nudité, je détourne les yeux. Je ne les poserai plus une seule fois sur toi.

Les photographes prennent des photos, leurs objectifs semblables à des armes crachant du feu, clic après clic.

La chapelle est comble. Est-ce parce que Lizzie a été assassinée ? Si c'était le cancer ou une crise cardiaque qui avait réclamé son dû, y aurait-il eu autant de monde ? Quelques-uns sont des étrangers pour moi. La connaissaient-ils ? S'agit-il de voyeurs ? Certaines personnes ressentent-elles une compassion spontanée pour quelqu'un qu'elles n'ont jamais rencontré ?

Nous ne chantons pas d'hymnes. Aucune évocation de Dieu ni du ciel dans les discours.

Nous passons l'enregistrement du *Concerto d'Aranjuez*, de Rodrigo ; la mélodie obsédante s'élève dans la salle, et les larmes me piquent les yeux. Rebecca parle de Lizzie, un témoignage chaleureux et affectueux. Tony lit « Écho », main tremblante en tenant la feuille, mais voix posée. Denise n'arrive plus à pleurer en silence. Florence est agitée, elle se retourne, s'agenouille sur son siège, laisse tomber Matilda puis tâtonne sur le sol pour la retrouver.

La femme qui officie est une amie de Bea, une pasteure sans paroisse attribuée à qui nous avons fait appel. Elle parle de l'importance de célébrer la vie. Soudain, ma raison semble m'abandonner. Un remous glacé et bilieux au creux de l'estomac, une raideur dans le dos. La panique enfle dans tout mon être.

Lizzie. Lizzie. Partie.

Je regarde fixement le cercueil en bois recouvert d'un épais tapis de fleurs, consciente qu'elle repose à l'intérieur. Qu'elle est en train de partir, que je l'ai perdue à jamais. J'ai peur de m'évanouir. Mon chagrin monte comme une marée. Je me mords la langue pour ne pas éclater en sanglots, ne pas hurler.

Je n'adresse pas la parole à tes parents. Je n'ai pas les ressources nécessaires pour faire preuve de générosité. Tant qu'ils te défendront, je les considérerais comme des ennemis.

À l'hôtel ensuite, nous donnons une petite réception – tu as été ramené, pas de buffet ni d'alcool pour toi –, et la gentillesse des gens est étouffante, j'ai hâte que l'après-midi se termine. Je voudrais m'évader.

Tu fais la dernière édition des journaux et des informations régionales.

L'ACCUSÉ ASSISTE À L'ENTERREMENT DE SA FEMME.

Une photo en pleine page. Le chagrin se lit sur ton visage, costume bien taillé, mains entravées par les menottes.

C'est comme si Lizzie était passée à l'arrière-plan, tu tiens le haut de l'affiche. Tu peux te vanter de lui avoir volé la vedette ; tu as finalement décroché le rôle principal.

Milky a trouvé une souris. Il la poursuit dans le salon. Je suis si brisée que je suis tentée de la lui laisser, mais qui sait où la pauvre créature pourrait bien finir, ou dans quel état. J'attends qu'il l'ait attrapée, qu'elle pende dans sa gueule, puis je le saisis, le force à ouvrir les mâchoires et prends la souris par la peau du dos. Elle ne pèse presque rien. Je sens ses os glisser sous sa peau molle. Quand je la jette dans le jardin, retenant Milky derrière moi d'un pied, elle se fige un instant, puis file comme l'éclair. Dans l'obscurité s'égrènent quelques trilles, celles d'un merle.

J'attends, espérant qu'il va se remettre à chanter, mais tout ce que j'entends, ce sont les vibrations d'un train et le vrombissement d'une moto passant à toute allure.

Ruth

CHAPITRE 22

17 Brinks Avenue
Manchester
M19 6FX

Personne n'a l'air de savoir ce qu'il va advenir de la maison. Si l'assurance du prêt paiera eu égard aux circonstances et que tu en deviendras le propriétaire de fait, ou si elle n'en fera rien et que la propriété sera saisie. Kay passe chez moi pour m'informer que la police a fini son travail là-bas et me remet un jeu de clés.

— Florence peut aller chercher Bert, si elle le souhaite, dit-elle.

Quatre mois ont passé. Elle me prévient que la maison sera un vrai capharnaüm. Qu'il serait peut-être préférable de faire appel aux services d'une équipe de nettoyage pour ranger.

Un capharnaüm ? Le mot est faible. C'est un matin de janvier brumeux, et il flotte dans l'air des effluves de crasse, teintés d'une forte pointe de produits chimiques. Je suis venue en voiture, j'ai apporté de grands sacs et des sacs-poubelles pour prendre les affaires de Florence. Les arbres dépouillés de leurs feuilles et les buissons dénudés semblent désolés, morts.

L'odeur aigre de la maison m'assaille quand je pousse la porte et enjambe les publicités et prospectus entassés derrière.

Du sang. Il y en a partout : des taches noires sur les murs, sur la vitre du poêle, répandu par terre. Est-ce de là que provient l'odeur ? Mon cœur trébuche, chavire et bat de façon irrégulière, mes cheveux se dressent sur ma tête.

Oh, Lizzie, ma Lizzie !

Des lattes du parquet, à l'endroit où elle gisait, ont été retirées. Pour garder l'équilibre, je pose la main sur l'encadrement de la porte : celui-ci est rugueux et collant au toucher, il me laisse un résidu gris foncé brillant sur la peau. Est-ce une sorte de moisissure ? Il y en a ici, et aussi sur les murs du salon, ainsi que dans la cuisine. De la poudre pour relever les empreintes. Saupoudrée partout. Et le sang, coagulé et craquelé, qui s'écaille sur les murs.

La peur ne me quitte pas. Elle croît à l'intérieur de moi, un sentiment pesant qui rampe et remonte le long de mon dos, des mains qui m'enserrent la gorge, m'étourdissent. Je lâche les sacs, sors de la maison et m'enfuis chez moi.

Je suis de nouveau chez toi. Tony m'accompagne. J'ai pensé à louer les services d'une entreprise de nettoyage, mais cela représente une dépense supplémentaire alors que le budget est vraiment serré, d'autant que nous pouvons nous en charger, bien que ce soit perturbant. Je l'ai préparé à ce qui nous attendait, lui ai décrit les traces de sang, la scène de carnage, mais il est malgré tout secoué. Il s'immobilise près du canapé, se retourne ; je crois qu'il va repartir, comme moi la première fois.

— Le salaud ! s'exclame-t-il. Le salaud.

Puis il donne un coup de pied dans la table basse qui se fend sous le choc. La lampe tombe par terre.

— S'il s'en tire, s'il revient..., commence-t-il.

— Non, il ne s'en tirera pas, dis-je sur un ton sans appel.

C'est ce que je redoute. Que tu échappes à la justice, que tu reprennes les rênes, réclames la garde de Florence. Ils ne doivent pas te laisser sortir.

Inébranlable, Tony se met à arracher le sol et à charger les sacs pour le dépotoir ; je monte à l'étage prendre les vêtements et les jouets de Florence, y compris Bert. Le malaise que m'inspire ce lieu ne me quitte pas tandis que je m'affaire à trier les habits de Florence. Elle n'a pas beaucoup grandi, la plupart lui iront encore. J'espère que les chaussures aussi. Et ce sont elles qui me font craquer.

Pourquoi elles me bouleversent autant, je l'ignore. Mais la rangée qu'elles forment – des bottines rouges, des sandales en toile, des ballerines, des bottes en caoutchouc avec des poissons peints dessus – me désarçonne. Je m'autorise à pleurer quelques minutes, puis m'essuie les joues.

La même poudre sombre recouvre les parois de la salle de bains. Tes affaires de toilette trônent à côté de celles de Lizzie. Je me fais l'effet d'une voyeuse.

Me regardant dans le miroir, je me demande ce que toi tu as vu quand tu t'y es miré. As-tu vérifié ici l'expression de ton visage avant de m'appeler ? Époux éperdu, amoureux accablé de douleur. T'es-tu lavé les mains ? Oui, forcément. Ici ou dans l'évier de la cuisine. Eu égard à l'état de la pièce en bas, à la façon dont le sang a éclaboussé les murs au-dessus du canapé, tu devais en être couvert. Je ne me souviens pas d'en avoir vu sur tes vêtements : t'es-tu changé avant de m'appeler ?

Que vais-je faire des affaires de Lizzie ? Je n'y avais pas songé. M'armant de courage, au cas où il y aurait du sang là aussi, d'autres signes de violence, j'ouvre la porte de votre chambre. Mais celle-ci est terne, inoffensive. Par endroits scintille la poudre. Sur la coiffeuse de Lizzie : des boucles d'oreilles, du maquillage, du parfum. Je sens la bouteille. Jo Malone, fleur d'oranger. Au rez-de-chaussée, j'entends le craquement et le bruit sec des lattes que Tony arrache. Mes pensées vacillent. Je retourne dans la chambre de Florence et continue.

— Ruth ?

Tony monte.

— Je suis prêt à aller au dépotoir. Tu m'attends ici ?

— Non.

Je ne veux pas rester seule dans la maison.

— Je vais rapporter ça, dis-je.

Et je pose la dernière paire de chaussures sur le dessus d'un sac-poubelle.

— J'ai du mal à croire qu'ils aient tout laissé en l'état, déclare Tony.

— Je sais.

— Je m'occuperai du nouveau parquet en revenant.

Je lui propose alors :

— Tu as besoin d'un coup de main ?

— Je veux bien. Je t'appelle à mon retour ici.

— Dans ce cas, prends les clés, dis-je.

Tous deux revenus, nous posons la moitié du parquet, assemblant les lames à rainure et à languette, puis il est l'heure d'aller chercher Florence à l'école. Je ne peux pas être en retard. Son angoisse monte en flèche si elle ne me voit pas au début de la file des parents. Tony et moi avons passé notre temps à parler de Florence.

Mes genoux craquent, et mon dos est raide quand je me redresse.

— Ça ne m'étonnerait pas que Marian et Alan demandent la garde si Jack est condamné, dis-je.

— Quoi ? s'écrie-t-il. Tu plaisantes ? Ils feraient ça ? Mais ils n'auraient pas la moindre chance, tu ne crois pas ?

— Ils sont en couple et mieux lotis que nous.

— Mais elle les connaît à peine.

— Jack est toujours son représentant légal, poursuis-je, et si nous demandons sa garde, il pourra contester.

Tony serre les dents et expire une bouffée d'air à travers.

— Il aurait du culot, putain !

— Il faut qu'on se renseigne.

— Auprès de qui ? Des services sociaux ?

Je titube à l'idée qu'une personne de l'extérieur me juge, évalue ma capacité à être la tutrice de Florence. Mais je sais qu'il est préférable de prendre l'avis des professionnels, en espérant leur soutien. Ils comprendront sans doute que sa place est auprès de moi.

Ruth

CHAPITRE 23

Lundi 4 janvier 2010

Je suis heureuse de retourner au travail, même si je suis un peu étourdie et tendue. Les trois quarts des usagers de la bibliothèque doivent me connaître, savoir pour Lizzie. Certains étaient aux obsèques. La plupart me présentent maintenant leurs condoléances. Elles vont de : « Je suis désolé » à : « Il est bon de vous revoir » en passant par : « Ils devraient rétablir la pendaison ! C'est une honte... » Ce qui ne m'est pas d'un grand secours.

J'ai repris à mi-temps pour commencer, comme convenu lors de ma réunion avec la responsable de secteur. Le samedi, je peux difficilement travailler, puisque Florence est à la maison. Je compte utiliser mes congés pendant les vacances scolaires. Espérons qu'en été la situation sera plus facile et qu'elle pourra rester chez Tony et Denise, ou bien ses amis Ben et Paige. La mère de Ben me l'a déjà proposé plusieurs fois.

— Ruth ? Je m'appelle Stella.

Ma nouvelle supérieure hiérarchique, une assistante bibliothécaire senior, vient du secteur Nord. Elle me sourit et me serre la main.

— Désolée pour cette disparition. Je ne sais pas comment vous pouvez... Ce doit être si dur.

Elle m'adresse un sourire compatissant, puis poursuit :

— Le beau-frère de mon cousin, eh bien, sa grand-mère était l'une des victimes du Dr Harold Shipman. Affreux.

Je suis assommée par sa tentative maladroite de... de quoi, au juste ? D'empathie, de solidarité ?

— Si vous avez besoin de plus de temps, si c'est trop tôt pour vous, n'hésitez pas à le dire.

Elle hoche la tête avec empressement et ajoute :

— Il ne faut rien précipiter, dans ces circonstances.

Un nouveau sourire éclaire ses traits, révélant des dents à la blancheur presque fluorescente. Je dois avoir vingt ans de plus qu'elle, mais je me sens comme une enfant, m'attendant presque à ce qu'elle me tapote le crâne d'un moment à l'autre.

— Nous envisageons de changer un peu les choses, déclare alors Stella.

Je regarde l'exposition mise en place pour le Nouvel An, dans l'angle – elle montre les différentes façons dont il est célébré à travers le monde – et les livres traduits devant, pour ceux qui ont envie de découvrir des ailleurs. Puis j'observe la frise que nous avons réalisée l'été dernier en vue d'égayer le secteur jeunesse, ainsi que les mobiles fabriqués par le groupe Sure Start, du programme de développement de la petite enfance. Les seniors de Young At Heart en ont également confectionné un nouveau. Je scrute la salle, vois les gens penchés sur les ordinateurs, un groupe d'Asiatiques rassemblés autour des tables, discutant des nouvelles, et tout me semble en ordre.

— Très bien, dis-je.

Je me laisse du temps pour voir ce qu'elle envisage de faire.

— T'en penses quoi ? me demande Tracey dès que Stella a disparu.

Tracey et moi travaillons ensemble depuis neuf ans. Elle est super, peut-être un peu tire-au-flanc, réticente à garnir les rayons, ce qui pourrait en agacer certains, mais franchement, ça ne me gêne pas du tout. Chez elle, ce n'est pas facile. Il arrive que sa mère, atteinte de démence sénile, se volatilise. Jusque-là, elle a toujours été retrouvée indemne, mais c'est une source d'inquiétude constante pour Tracey.

— Elle a l'air sympa, dis-je.

Tracey hausse un sourcil, et j'ajoute :

— Je viens tout juste de faire sa connaissance. Elle est peut-être un brin condescendante.

Malheureusement, Stella est à la bibliothèque quand je reçois un appel urgent de l'école. Florence est bouleversée, et ils pensent que je devrais venir pour la rassurer ou la ramener à la maison.

— Je suis désolée, dis-je. Je dois partir.

J'enfile mon manteau, le cœur battant. Les problèmes se multiplient, ces derniers temps. J'ai perdu tout recul.

— Bien sûr, acquiesce-t-elle d'un ton chantant. Vous êtes peut-être revenue trop tôt. Cette petite fille, elle doit être si...

Je l'interromps.

— Le prêt est bloqué. Vous pouvez appeler Tracey ?

— Bien sûr, ne vous inquiétez de rien.

Des paroles qui seraient rassurantes si je ne savais pas d'avance qu'elle ne manquera pas une occasion de remettre en question ma capacité à reprendre le travail en tandem avec Tracey, tout en faisant mine d'être attentionnée. Toujours prompte à souligner combien ce doit être difficile pour moi, et que cela risque d'affecter mes compétences.

J'entends Florence dès que j'arrive à proximité de la classe, ses cris aigus mettant sa gorge à vif. Elle s'est isolée dans la maison pour enfants, à présent décorée comme une hutte de plage tropicale. Des images de palmiers et de surfs sont accrochées aux murs, la table est recouverte d'une nappe en raphia. Des guirlandes hawaïennes de fleurs, des noix de coco entières et de larges coquilles sont éparpillées. Elle est recroquevillée : front, mains, genoux et visage pressés contre le sol.

— Elle a eu une contrariété au moment de la collation, m'explique Lisa. Je crois que Paige a montré un peu trop d'enthousiasme en distribuant les boissons, et quelque chose a déclenché cette crise.

— Je suis désolée, dis-je.

Je m'agenouille près de la maisonnette pour parler à Florence.

— C'est fini, maintenant, mamie est là. Oh, comme tu es triste ! Allons, tout va s'arranger.

Je lui frotte le dos pour l'apaiser. Peu à peu, ses sanglots diminuent, puis se tarissent. Les autres enfants sont sortis jouer à l'extérieur. Il ne reste que Lisa qui range la salle.

Je parviens à attirer Florence hors de sa cachette, et nous nous asseyons sur une chaise.

— Que diriez-vous d'un café ? propose Lisa.

Je lui en suis reconnaissante. J'ai conscience qu'elle doit s'occuper de trente enfants assoiffés, qu'elle a des cours à donner et je ne sais quoi encore, mais elle fait partie de ces gens qui accordent de l'attention aux autres et prennent le temps de communiquer avec eux.

Florence a le visage rouge et bouffi, le nez enflé et plein de morve, les lèvres craquelées. Je lui essuie la figure, puis lui offre de l'eau qu'elle sirote à petites gorgées. Pendant que je bois mon café, je me demande ce qui a bien pu survenir d'inhabituel et la perturber. Elle sait que j'ai repris le travail, pourtant je ne suis jamais venue la chercher en retard.

— C'est la première fois qu'elle réagit ainsi ?

Je me renseigne, bien que je sois certaine qu'ils m'auraient avertie dans le cas contraire. Lisa hoche la tête. Je suis incapable de discerner si c'est un progrès ou une régression. Quoi qu'il en soit, nul doute que cela dérange les autres élèves.

— Est-ce que Paige lui a dit quelque chose ? Elle ne se serait pas disputée ou...

J'hésite à le suggérer, mais je me demande si quelqu'un n'a pas contrarié Florence, en faisant des commentaires sur ses parents. Ou sur moi.

Ta vieille et grosse mamie.

— Non. Paige lui a juste tendu le verre de milk-shake et Florence s'est effondrée. A-t-elle des terreurs nocturnes ? C'est ce que cela m'évoque.

— Un milk-shake ? À la banane ?

— Oui. C'est pour notre thème tropical. Comment le savez-vous ? Elle est allergique à la banane ?

Pour ainsi dire.

Oh, Florence !
Je ferme les yeux.
Je pense à Jack.
Mon cœur se durcit comme un bloc de glace.

DEUXIÈME PARTIE

CHAPITRE 1

17 Brinks Avenue
Manchester
M19 6FX

Je t'entrevois pour la première fois au tribunal quand je monte les marches à partir de la salle réservée aux témoins, les joues rouges, le cœur battant.

Ta tenue est impeccable : costume noir, cravate bleu nuit, chemise blanche. Tu as l'air parfaitement calme. Aucune once de bravade. Si tu étais auditionné pour un rôle d'homme respectable, tu le décrocherais sans aucun doute.

Je n'ai pas pu assister au début du procès, car je suis témoin, mais une fois que je serai passée à la barre, je n'en raterai pas une miette. Tony doit être quelque part dans la salle, comme Denise et Bea ; je suis trop nerveuse pour chercher leurs visages. Le procureur s'appelle Me Cromer. Il est grand, bien en chair, le teint rubicond, avec un grasseyement du Devon dans la voix et des lunettes à monture métallique.

Je prononce le serment et affirme mon intention de dire toute la vérité et rien que la vérité.

Ses premières questions sont simples – mon lien de parenté avec Lizzie, mon adresse –, puis il revient sur les événements qui se sont déroulés le soir de la mort de ma fille.

— J'ai reçu un texto de Lizzie me demandant si je pouvais garder Florence le samedi suivant. Je lui ai répondu que oui.

— Quelle heure était-il ?

— Il était 20 h 39.

L'heure est gravée dans ma mémoire. J'ai lu et relu le message après sa mort. Notre dernière communication.

— Puis Jack m'a appelée, dis-je. Il était bouleversé, il disait que quelqu'un avait agressé Lizzie. Il pensait qu'elle était morte. Je lui ai dit d'appeler la police, et je me suis rendue chez eux. Il se trouvait dehors avec Florence.

Je lui ai caressé la tête, elle a haussé les épaules pour me repousser.

— Comment était-il ? demande Me Cromer.

— Très choqué, affolé.

— Vous souvenez-vous des vêtements qu'il portait ?

— Non, dis-je, pas vraiment.

— Étaient-ils tachés ou déchirés ?

— Je n'ai rien remarqué de tel.

— Racontez-nous, je vous prie, ce qui s'est passé ensuite.

Je reprends ma respiration. Ma nervosité s'accroît, au lieu de diminuer ; à cause d'un acouphène dans mes oreilles, la tête me tourne.

— Je suis entrée dans la maison...

Ma voix se brise, le chagrin m'étouffe.

Me Cromer attend. On demande le silence dans la salle. Je veux fuir, descendre l'escalier en courant et sortir du tribunal. Je ne veux pas être ici et raconter à tous ces gens comment j'ai trouvé ma fille. Je ne veux pas témoigner, et pourtant je parviens à poursuivre.

— Lizzie était étendue par terre, il y avait du sang partout.

Je continue à parler bien que les larmes me piquent les yeux.

— Elle ne bougeait pas. Puis la police est arrivée et m'a entraînée hors de la maison.

De force, alors que toutes les fibres de mon être me poussaient vers elle, je voulais la toucher, l'aider.

— Merci, dit Me Cromer. Dans les jours qui ont suivi, M. Tennyson a séjourné chez vous ?

— Oui.

— A-t-il reparlé de la soirée ?

— Oui, il essayait de comprendre ce qui était arrivé et qui s'en était pris à Lizzie. Comme nous tous.

— M. Tennyson vous a-t-il raconté comment Mme Tennyson et lui avaient passé la soirée ? demande Me Cromer.

— Oui. Il m'a dit qu'ils étaient à la maison. Lizzie regardait la télévision, et lui était allé à la salle de sport.

— Et Florence était au lit, en haut ?

— Oui, dis-je.

— Était-ce habituel pour lui, d'aller à la salle de sport ? demande-t-il.

— Oui, tous deux la fréquentaient régulièrement.

Je sens tes yeux posés sur moi. Le box des accusés est à gauche, derrière une paroi de verre. C'est là que tu es assis, escorté par un garde.

— M. Tennyson vous a-t-il précisé à quelle heure il est parti pour la salle de sport ?

— Oui, aux alentours de 20 h 30.

— M. Tennyson vous a appelée ce soir-là : à quelle heure ?

— Peu avant 23 heures.

Je me rappelle l'après-midi : le jardin ouvrier, le poisson que j'ai acheté, un monde auquel Lizzie appartenait encore.

— Vous étiez présente quand M. Tennyson a entendu le compte rendu de l'autopsie, le lundi ?

— Oui.

Et mon sang se fige, à cette pensée. Combien nous étions abasourdis quand Kay nous a exposé les premières conclusions.

— Comment a-t-il réagi ?

— Il était stupéfait, choqué, comme le reste d'entre nous.

— Qui d'autre était présent ?

— Tony, mon ex-mari, le père de Lizzie, et la personne chargée du soutien psychologique. Elle relayait les informations.

— Le samedi 19 septembre, M. Tennyson a été arrêté, et vous étiez présente quand la police a procédé à cette arrestation, n'est-ce pas ?

— Oui, dis-je.

L'odeur de banane, de transpiration, et toi criant, bondissant pour fuir.

— Comment M. Tennyson s'est-il comporté lorsqu'on lui a lu le mandat d'arrestation ?

— Il est devenu fou, dis-je. Il a tenté de sortir de la maison, s'est mis à hurler et s'est débattu.

Après que Me Cromer m'a remerciée, ton avocate se lève. Me Dixon mesure à peu près la même taille que Kay, bien qu'elle ne soit pas aussi élancée. Elle a de longs cheveux bruns attachés en une queue-de-cheval sous sa perruque et le visage anguleux. Elle porte un malencontreux rouge à lèvres orange, ce qui attire l'attention sur sa bouche, trop mince pour soutenir un regard insistant.

— Madame Sutton, quand M. Tennyson vous a appelée, comme vous venez de le dire, que pensiez-vous qu'il était arrivé ?

— Je pensais... Je ne sais pas, réponds-je. Je ne pouvais pas imaginer.

— Vous ne pouviez pas imaginer ?

— Non, cela me semblait irréel. C'était comme si c'était arrivé à quelqu'un d'autre.

Il est difficile de revivre tout cela en public, dans un contexte formel. Je me sens si exposée, tel un spécimen sous surveillance que chacun peut toucher et étudier.

— Et quand vous avez vu M. Tennyson devant la maison, avez-vous remarqué quelque chose d'inapproprié relativement à son apparence ?

— Comme quoi ?

— Je suis navrée, madame Sutton, il faut que vous répondiez à ma question.

— Eh bien, il était choqué, dis-je.

— Pourquoi avez-vous invité M. Tennyson à venir chez vous ?

— Il ne pouvait pas rester chez lui, c'était une évidence. Pour lui comme pour Florence.

— Le fait de l'héberger ne suscitait pas d'appréhension chez vous ?

— Pas alors, non.

— À ce stade, vous n'aviez aucune raison de soupçonner M. Tennyson d'être mêlé à la mort de votre fille ?

De ses lèvres fines, elle sourit.

— Non, c'est exact.

— Quand cela a-t-il changé ?

— Quand il a été arrêté, dis-je.

— Quand il a été arrêté, répète-t-elle. Avant ce moment-là, comment auriez-vous décrit votre gendre ?

Les mots laissent un goût de terre dans ma bouche.

— Madame Sutton ? insiste-t-elle.

— Gentil, dis-je.

Un ricanement s'élève dans la salle, et mes joues s'embrasent.

— Gentil ? Diriez-vous qu'il prenait soin de votre fille ?

— Oui.

— Et de leur fille ? demande-t-elle.

— Oui, il était... il paraissait être un homme convenable.

Est-ce que tu jubiles dans ton costume en lainage léger et ta chemise d'un blanc immaculé ?

— Étiez-vous inquiète quand votre fille l'a épousé ?

— Non, dis-je. J'étais ravie. Ils semblaient amoureux tous les deux.

— La défunte s'est-elle plainte à vous de M. Tennyson ?

La défunte. Je la déteste d'avoir utilisé ce mot.

— Non.

— Est-il juste de dire qu'ils étaient heureux ?

— Oui, mais je ne savais pas que...

Elle bondit sur moi tel un serpent.

— S'il vous plaît, répondez uniquement aux questions que je vous pose. Comment auriez-vous qualifié leur union ?

— J'aurais dit que c'était un mariage heureux.

— Un mariage heureux, donc. Avez-vous déjà été le témoin de vives discussions entre eux ?

— Non.

— Votre fille vous a-t-elle rapporté des disputes ou des tensions entre eux ?

— Non.

— Avez-vous été choquée quand M. Tennyson a été arrêté ?

— Oui.

— Pourquoi étiez-vous choquée ?

— Je ne sais pas. C'était ainsi.

— Madame Sutton, vous venez de nous décrire ce qui semble être un mariage idéal. Un jeune couple heureux, une famille unie, puis M. Tennyson est arrêté pour meurtre. Serait-il exact de dire que vous étiez choquée parce que c'était M. Tennyson, votre gendre, qui était arrêté ?

— Je suppose que oui.

— Aviez-vous suspecté M. Tennyson d'être impliqué en quoi que ce soit dans le meurtre de sa femme avant cela ?

— Non.

— Aviez-vous des raisons de penser qu'il pouvait s'en prendre à votre fille ?

— Non.

— Le M. Tennyson que vous connaissiez était-il un homme violent ? demande Me Dixon.

J'hésite.

— Non.

— L'avez-vous déjà vu perdre son sang-froid ?

— Non.

Chaque réponse répand de l'amertume sur ma langue. Je m'imagine inventer des anecdotes à charge contre lui.

Oui, une fois, je l'ai vu hurler sur Lizzie, ils ne savaient pas que je les observais, il a levé la main, elle a tenté d'esquiver le coup, mais il l'a frappée malgré tout.

— Pouvez-vous expliquer pourquoi, alors que vous saviez que c'était un homme respectable, qui aimait votre fille, avec qui il menait un mariage apparemment heureux, et que vous n'aviez jamais nourri de soupçons à son endroit, vous avez si radicalement changé d'avis lors de son arrestation ?

— Parce qu'il a tenté de fuir. Il a réagi comme s'il était coupable.

Elle tord la bouche et enchaîne aussitôt :

— S'il n'avait pas été arrêté, vous auriez continué à voir en lui un homme respectable, un mari loyal, faisant partie d'une famille unie ?

— Je suppose que oui, dis-je avec réticence.

— Voyiez-vous souvent votre fille ?

— Très souvent. Je gardais régulièrement Florence.

— À quel rythme ? demande-t-elle.

— Une fois tous les quinze jours, peut-être. Ça dépendait.

— Diriez-vous que vous et votre fille étiez proches ?

— Oui.

— Se confiait-elle à vous ?

— Oui.

— Pouvez-vous nous donner des exemples ?

J'ai un blanc pendant quelques instants, désarçonnée par la rapidité des dernières questions. À cause du bourdonnement dans mes oreilles, j'ai du mal à me concentrer.

— Si elle rencontrait un problème au travail, des difficultés avec un collègue, elle m'en parlait, dis-je. Ou bien quand Florence avait été malade, enfin, des choses comme ça.

— Lui arrivait-il de vous parler de M. Tennyson ?

— Oui, de son métier, des auditions qu'il passait, ce genre d'informations.

— Et de son comportement ? s'enquiert Me Dixon.

— Non, réponds-je.

— Et comment décririez-vous la relation de Florence avec son père ?

— Très bonne.

— C'est M. Tennyson qui s'occupait principalement de Florence, ces derniers mois ?

— Oui.

— Aviez-vous des inquiétudes sur la façon dont il le faisait ?

— Non.

— Quand M. Tennyson a été arrêté, pouviez-vous imaginer pourquoi un père aimant aurait été suspecté du meurtre de sa femme ?

— Non, je me suis juste dit que la police devait savoir des choses que j'ignorais.

— Ça ne lui ressemblait pas ?

— Non.

— C’était difficile à croire ?

— Oui.

À chaque question, elle m’utilise pour retoucher ton portrait, créer l’illusion d’une atmosphère saine autour de toi. Elle m’a piégée dans le but de te prêter une réputation honorable. Je me sens sale, mesquine, comme si j’avais trahi Lizzie, comme si je n’avais pas été à la hauteur. Je veux rester à la barre en dépit de mes nerfs en pelote et rectifier le tir, expliquer la situation telle qu’elle est. Les propos qu’elle m’a arrachés ne correspondent pas à l’entière vérité, ils en représentent juste une partie tronquée destinée à concorder avec l’image de bon père de famille dont tu as besoin.

Pendant la pause, je retrouve Tony et Denise. Elle est furieuse, elle aussi ; nous formons un front improbable. Tony a l’air écœuré.

Je suis soucieuse lorsque nous regagnons nos sièges parmi l’auditoire, ressassant mes réponses et me demandant si j’aurais pu m’y prendre autrement pour ébranler ta défense.

Ruth

CHAPITRE 2

17 Brinks Avenue
Manchester
M19 6FX

Le témoin suivant est l'un des agents présents le soir du crime. Celui qui m'avait demandé d'emmener Florence chez moi, puis de remettre mes vêtements à la police. Il relate ce qu'il a trouvé au domicile et ce que tu as dit quand il t'a interrogé. La même histoire que celle que tu m'as racontée.

Me Cromer lui demande de te décrire.

— M. Tennyson portait un pantalon de survêtement, un débardeur de sport, des baskets noires. Ses habits semblaient propres.

Puis on fait venir le médecin légiste. Je sens mon pouls battre dans mes tempes, mon estomac se contracter, tandis que je m'arme de courage pour entendre ce qui va suivre.

L'homme s'exprime à un débit rapide, dans un style monotone. Il pourrait tout aussi bien réciter l'annuaire. Aucune différence dans sa façon d'accentuer les mots. « Je suis arrivé à 23 heures » est prononcé sur le même ton impassible que : « Le traumatisme assené à la tête a été si violent que la boîte crânienne en a été brisée, entraînant un déplacement de l'encéphale. »

Est-ce délibéré de sa part, cette neutralité ? S'en tient-il aux observations scientifiques pour désamorcer le pathétique de la mort ?

On remet des diagrammes aux jurés, la silhouette du corps, de dos, de face, avec les blessures relevées. Aucune photographie de Lizzie, malgré tout. Une petite faveur.

Me Cromer reprend ce que l'autopsie a déjà révélé, ainsi que de nouveaux éléments. Et, chaque fois que l'un d'eux est énoncé, je ressens un choc et de la colère à l'idée qu'on nous l'ait caché. Que nous apprenions ces aspects du crime dans ce lieu, comme si nous n'avions pas plus le droit que les autres d'en être informés.

Le médecin légiste décrit l'apparence du corps. Encore des mots qui font mal. Puis les procédures utilisées. Et la preuve retrouvée.

— Nous avons recueilli de la peau sous les ongles de la victime, à la main droite.

Me Cromer lui demande la signification de cette découverte.

— C'est caractéristique d'une blessure défensive. En cohérence avec un coup donné par un tisonnier. La victime lève la main dans un geste de protection.

Donc elle savait. Oh non !

Me penchant en avant, je me couvre le visage et ferme les yeux. Elle savait que tu allais t'en prendre à elle, armé du tisonnier. Mon cœur se brise à cette pensée. Je m'étais raccrochée à l'espoir qu'elle ne s'était rendu compte de rien, qu'elle avait tourné le dos au moment du premier coup assené, qu'il l'avait tout de suite assommée. Mais elle s'en est aperçue. La terreur. Elle est morte dans la peur. Elle a essayé de se défendre. Elle a senti le craquement des os de son bras. Puis quoi ? C'était quoi, après ? L'épaule ? Le visage ?

Des murmures s'élèvent dans l'assistance quand le légiste évoque sa grossesse. À côté de nous, dans une autre partie de la salle, des gens sont affairés à écrire, à taper sur des tablettes, se servant de leur portable pour envoyer des textos ou des tweets. C'est la presse. Je viens de le comprendre. Les journalistes remplissent leurs colonnes avec un article juteux.

Ta défense n'a pas de question à poser au médecin légiste. Nous en discutons quand nous sortons du tribunal.

— Ils ne vont pas contester ces éléments-là, déclare Tony. Ils vont simplement essayer de prouver que Jack n'en est pas l'auteur.

Impatiente de retrouver Florence au plus vite, je prends un taxi. Ben joue à la Wii, Florence est assise par terre et le regarde, quand sa mère April me fait entrer.

— Comment ça s'est passé ?

— Très bien. Elle a été très calme.

Je hoche la tête. À l'école, ils sont inquiets. Florence refuse de parler, de réciter les comptines ou de chanter avec les autres. Même en tête-à-tête, elle reste silencieuse. Un signe affirmatif ou négatif du menton, un haussement d'épaules pour indiquer le refus, c'est tout ce qu'elle offre.

Il me paraît déplacé de raconter à Florence où je suis allée, aujourd'hui. Elle risque de ne pas comprendre pourquoi j'ai vu Jack et pas elle. À la place, je lui dis que j'avais une réunion pour le travail, pas à la bibliothèque mais en ville.

À l'heure du coucher, elle refuse de mettre la couche-culotte qu'elle porte désormais. Rien n'indique qu'elle va cesser de mouiller le lit, et on m'a recommandé de laisser les choses suivre leur cours. Cela peut durer plusieurs années. Empêcher les enfants de boire à l'heure du coucher ou les réveiller pour les emmener aux toilettes a peu d'impact sur le problème. Lasse de changer les draps toutes les nuits, j'ai décidé d'acheter des couches. Est-ce que cette mutinerie est une façon de me punir de mon absence, de ne pas être venue la chercher à l'école ? J'essaie de dissimuler mon agacement, car je sens que si j'y prête attention, elle va m'imiter et déclencher une dispute.

Dans mon rêve, je suis paralysée, incapable de bouger, clouée au sol. Tu as la main sur ma bouche et mon nez. Le sol est poisseux, couvert de sang. Il est froid, et je frissonne. Je ne peux pas respirer, à cause de ta paume sur mon visage, de ton poids sur ma poitrine. Rien ne fonctionne, ni mes jambes ni ma voix. Je sais que je dois fuir, que je cours un terrible danger. Je me réveille en suffoquant, et Florence s'écrie :

— Mamie !

— Tout va bien, lui dis-je.

Sauf que le lit est mouillé. Je lui enfile un pyjama propre, change les draps et lui propose une couche. Elle fait non de la tête. Je recouvre le drap d'une serviette de toilette, de son côté. Au matin, tout est de nouveau mouillé, et je n'ai plus de draps propres.

Quand Me Cromer appelle le témoin suivant à la barre, il fait grand cas de l'expertise et de l'expérience de celui-ci. Depuis combien de temps M. Noon travaille-t-il dans la gestion d'une scène de crime ? Combien d'affaires criminelles a-t-il traitées ? Suit-il des formations régulièrement ? Dans quelle branche est-il spécialisé ? M. Noon explique que son rôle consiste à documenter et consigner la scène de crime, à en minimiser les risques de contamination, à rechercher et récolter toute preuve existante. Puis, en collaboration avec la commissaire divisionnaire, il demande que des indices soient analysés par la police scientifique.

Me Cromer a l'habitude de regarder par-dessus ses lunettes. Peut-être a-t-il besoin de verres à double foyer. À moins que, comme moi, sa vue ait trop baissé pour que cela fonctionne.

— Qu'avez-vous trouvé sur le lieu du crime ? s'enquiert-il.

M. Noon se réfère à un schéma du salon, des objets dessinés sur un plan de niveau. Les deux canapés forment un L, le plus petit adossé au mur du fond d'où part l'escalier vers la gauche. Il se situe face à la porte et la télévision ; l'autre, le plus grand, est parallèle à la cuisine américaine, en face du poêle. Une silhouette représente le corps de Lizzie.

— D'après les traces de sang sur les murs et les meubles, nous sommes en mesure de déterminer où se trouvaient les protagonistes lors de l'agression. Quand une arme tachée de sang est déplacée, des gouttes se répandent, et la trajectoire peut ainsi être retracée. La forme des gouttes nous indique où se tenait l'agresseur et de quelle façon l'arme a été déplacée. Conjugués aux résultats de l'autopsie, ces éléments nous en révèlent davantage sur l'ordre dans lequel se sont déroulés les événements.

En l'occurrence, nous pouvons établir que la victime se trouvait entre le grand canapé et le mur, là où il y a le poêle à bois, et que l'agresseur était situé entre l'autre extrémité de ce canapé et la télévision, plus près de la porte d'entrée.

— Y a-t-il des signes de lutte autre part dans la maison ?

— Non, uniquement dans le salon.

Je pense aux lattes de bois qu'ils ont arrachées.

— S'il vous plaît, expliquez à la cour quels indices ont été analysés par la police scientifique, dit Me Cromer.

— Ceux de la scène de crime ? demande M. Noon.

— Oui, tout à fait.

— Des empreintes digitales et des traces de pas, répond-il comme s'il allait énumérer une longue liste.

Me Cromer lève la main.

— Les jurés, je pense, sont familiarisés avec la notion d'empreintes digitales, et savent comment on établit des recoupements, mais parlez-nous, s'il vous plaît, des traces de pas.

— Volontiers. Les technologies actuelles nous permettent de prélever les traces laissées par les pas, chaussures ou autres, sur de nombreuses surfaces, y compris des tapis. Et *a fortiori* sur le parquet stratifié du domicile des Tennyson. Elles peuvent être recoupées avec des chaussures.

— Mais des marques de chaussures identiques ne laisseront-elles pas des traces identiques ?

— Initialement oui, toutefois, dès qu'une paire a été portée, elle affiche des traces qui lui sont propres, des encoches, des coupures. En les comparant, nous pouvons les rapporter à un élément individuel.

— Avez-vous prélevé des traces de pas sur la scène du crime ? demande Me Cromer.

— Oui, il y en avait beaucoup, tout comme des empreintes digitales, et l'ensemble nous permet d'établir qui se trouvait dans la maison. En outre, les traces de pas montrent la circulation qui s'est effectuée depuis la dernière fois que le sol a été lavé.

Je revois les chaussures de Florence, je l'imagine courir dans leur salon.

— Continuez, je vous prie, dit Me Cromer.

— Nous avons pu identifier et écarter celles appartenant à la défunte et à sa fille, et retrouver celles de M. Tennyson et Mme Sutton.

Les pas que j'ai faits dans la pièce avant que des mains ne m'entraînent à l'extérieur.

— Et, naturellement, nous avons repéré et éliminé les traces laissées par les agents et la police scientifique sur les lieux. Il nous restait toutefois un nombre considérable d'empreintes provenant d'une paire de chaussures de sport pour homme de pointure 44,5, que l'on n'a pu attribuer à personne. L'une d'elles se trouvait tout près de la victime et était constituée par du sang.

— Une empreinte de pied ensanglanté, souligne Me Cromer.

— Une empreinte de chaussure, le corrige le scientifique. Qui n'a pu être faite que pendant ou après l'agression.

— Pouvez-vous nous en dire plus sur cette paire de chaussures ?

— Oui. Ce sont des baskets Adidas, de la saison d'été 2009.

— Du 44,5 ?

— C'est exact, confirme M. Noon.

— Les vêtements et chaussures portés par M. Tennyson et Mme Sutton ont été emportés par la police afin d'être analysés, n'est-ce pas ? questionne Me Cromer.

— Oui, c'est la procédure habituelle.

— Et de quelle pointure étaient les baskets que M. Tennyson vous a remises, à titre de comparaison ? demande l'avocat.

— Du 44,5.

— Mais d'une marque différente, n'est-ce pas ?

— Exact, il s'agissait de Nike, d'une vieille paire, précise M. Noon.

— Y avait-il des traces de sang dessus ?

— Non.

— Et sur les habits que M. Tennyson vous a remis ?

Je me fais l'effet d'une goule, avide d'entendre qu'il y avait du sang sur tes vêtements et tes chaussures. Je t'imagine aspergé du sang de Lizzie, barbouillé des pieds à la tête, la main marquée de rouge.

Mais le témoin affirme que non.

— Rien ? insiste Me Cromer d'un ton apparemment incrédule.

— C'est exact.

— Y avait-il beaucoup de sang sur la scène du crime ?

— Énormément, confirme M. Noon. Sur le sol, les murs et les meubles.

— Avez-vous pu identifier toutes les empreintes digitales ?

— Pas toutes, mais il n'y a là rien d'inhabituel.

— Certaines présentaient-elles un intérêt particulier ?

Me Cromer remonte ses lunettes sur son nez.

— Deux comportaient du sang, déclare M. Noon.

— Et où se trouvaient-elles ?

— L'une sur le mur, en bas de l'escalier, et l'autre dans la salle de bains.

— Les avez-vous identifiées ?

— Oui, elles appartiennent à M. Tennyson.

Un bourdonnement électrique lié à un regain d'attention s'élève dans la salle. C'est à coup sûr une preuve ! Du sang sur tes mains, des traces de pas ensanglantées. J'ai envie d'embrasser Me Cromer.

— Selon le médecin légiste, un tisonnier a été prélevé sur la scène, et il s'agirait de l'arme du crime. Avez-vous examiné ce tisonnier ?

— Oui. Il a été nettoyé, répond M. Noon.

— Comment le savez-vous ?

— Sans quoi, nous aurions retrouvé des éléments organiques appartenant à la victime sur l'arme, du sang, des cheveux, etc. Et peut-être aussi des empreintes.

— Mais il n'y avait rien ? questionne Me Cromer.

— Nous avons repéré des traces de sang de la victime aux endroits où le métal était abîmé, rouillé ou écaillé, mais pas d'empreintes digitales. Nous avons également identifié un résidu visqueux et des fibres qui correspondent à une marque de lingettes pour bébé.

À cette pensée, mon estomac se soulève : la lingette humide et parfumée sur le tisonnier maculé de sang ; la juxtaposition me paraît obscène. Quelqu'un, quelque part dans les laboratoires de la police scientifique, a dû méticuleusement analyser ces traces.

— Avez-vous trouvé ces lingettes dans la cuisine ? interroge Me Cromer.

— Oui, en effet.

— Étaient-elles visibles du salon ?

— Non, elles étaient rangées sur une étagère, au-dessous du bar américain, répond M. Noon.

— D'autres éléments ont-ils été analysés par la police scientifique ?

— Oui, les cendres du poêle. Nous y avons décelé un matériau synthétique, un polyuréthane, des traces d'une autre substance synthétique, de l'EVA et du caoutchouc.

— Et l'EVA, c'est ? s'enquiert Me Cromer.

— De l'éthylène-acétate de vinyle, plus connu sous le nom de « caoutchouc mousse ».

— Et où trouve-t-on cette association de matériaux ?

— La plupart du temps dans des chaussures et équipements sportifs.

Tu as brûlé tes baskets !

J'ai la poitrine comprimée ; Bea me lance un regard.

— Est-il exact de dire que les matériaux trouvés dans les cendres permettent de déduire qu'on a brûlé une paire de baskets dans le poêle ?

— Oui, tout à fait.

— Combien de temps faut-il pour réduire une paire de chaussures de sport en cendres dans un poêle comme celui-ci ?

— Environ un quart d'heure, s'il était déjà allumé.

La chaude lumière qu'il projetait sur la main de Lizzie.

— Avez-vous d'autres observations à nous livrer que la commissaire divisionnaire et vous estimez pertinentes pour l'enquête ? questionne Me Cromer.

— Oui, la douche dans la salle de bains a été utilisée, ainsi que le lavabo. Nous avons repéré des traces de sang dans les gouttes d'eau sur la paroi de la cabine.

— Étaient-elles visibles à l'œil nu ?

— Non, on ne les différenciait pas des autres gouttes d'eau, répond M. Noon.

Tu t'es lavé. Tu as brûlé tes chaussures. Et peut-être aussi tes vêtements.

— Pouvez-vous nous parler des chaussures que M. Tennyson vous a remises, les Nike ?

— Elles correspondent aux empreintes de pas relevées dans la maison. Quand nous les avons examinées, nous avons identifié des traces de terre, de gravillon, de sable et de matière végétale.

— Mais pas de sang ? demande Me Cromer.

— C'est exact.

Me Dixon reprend chaque élément un à un, et les tord pour réduire cet ensemble de preuves accablantes à des indices neutres et peu probants.

— Concernant l'analyse des éclaboussures de sang, peuvent-elles nous renseigner sur l'agresseur ? demande-t-elle. Sa taille, son poids, par exemple ?

— On peut juste en déduire qu'il est de taille moyenne, ni très grand ni très petit, répond M. Noon.

— Les résidus analysés dans les cendres du poêle, pouvez-vous nous dire de manière précise de quoi ils proviennent ?

— Non, répète-t-il.

— Pouvez-vous nous assurer de façon catégorique qu'il s'agissait d'une paire de chaussures ?

— Non.

— Avez-vous pu établir qui a utilisé la douche de la maison ? questionne Me Dixon.

— Non.

— Est-il possible que ce soit Mme Tennyson ?

— Oui, bien que ses cheveux soient secs, tout comme la charlotte suspendue dans la salle de bains.

— Est-il exact que vous avez détecté des traces de sang dans la douche ?

— Oui.

— Avez-vous pu identifier le sang ? interroge alors Me Dixon.

— C'était celui de Mme Tennyson.

— Si Mme Tennyson avait eu une coupure au bras ou saigné du nez, cela aurait-il pu expliquer la présence du sang dans la douche ?

— Oui.

Il arrivait que Lizzie saigne du nez. Leur as-tu signalé ? Des munitions pour torpiller le dossier de l'accusation ?

Me Dixon poursuit, calme, méthodique, implacable.

— L'empreinte de chaussure trouvée sur la scène du crime, les baskets d'été Adidas, c'est une marque populaire ? Un modèle très courant ?

— Exact.

— Le modèle le plus vendu de la saison ? insiste Me Dixon.

— Oui, acquiesce M. Noon.

— Des milliers de paires ont été vendues dans le pays, n'est-ce pas ?

— Exact.

— Vous ne pouvez affirmer de manière certaine qui portait ces chaussures sur la scène du crime ?

— Non, admet M. Noon.

— Ni à qui elles appartiennent ?

— Non.

Non, non, non.

Toutes ces négations qui s'accumulent, tels des sacs de sable s'empilant contre la marée.

À la levée de l'audience, elle a entamé les fondations comme un termite creusant des trous à travers les solives. Ainsi, les jurés savent qu'une personne chaussée de baskets a manié le tisonnier, l'a nettoyé, mais que ce n'est pas forcément toi. Ces fichues empreintes de pas, ces traces sur les murs, ce sang dans la salle de bains : ce faisceau d'indices a perdu tout son sens. Les preuves ne te condamnent plus.

Je guette ton expression, dans le but de découvrir un éclat d'arrogance sur ton visage, un sourire narquois accroché à tes lèvres, ou une fierté froide dans tes yeux, mais non, tu es encore dans ton rôle. La méthode de l'Actors Studio. Tu es doué pour ça. Et ta palette est large. Je t'ai vu en Richard III à l'*Everyman*. *Brutal*. La transformation était spectaculaire.

Ruth

CHAPITRE 3

17 Brinks Avenue
Manchester
M19 6FX

Marian et Alan assistent aussi au procès. Tes fidèles supporteurs. Nous nous sommes contentés de nous saluer froidement d'un mouvement de la tête, jusque-là. Mais aujourd'hui, le troisième jour, Marian s'approche de moi alors que nous attendons pour passer les portiques de sécurité.

— Bonjour, dit-elle.

Je lui sais gré de ne pas me demander comment je vais, ou bien je lui aurais dit ce qu'il en était.

— Nous aimerions voir Florence, poursuit-elle, le rouge aux joues.

Tony arrive en compagnie de Denise ; il me lance un coup d'œil interrogateur.

Tout va bien ?

Pas tant que ça, comme tu peux le constater.

Je lui adresse un regard las.

J'ai envie de dire non à Marian et Alan, je ne veux pas de leur présence dans mon entourage ni dans celui de Florence.

Comme je ne réponds rien, elle déclare :

— Nous sommes aussi ses grands-parents.

— Tout à fait, renchérit Alan.

— Nous pourrions l'emmener quelque part, ajoute-t-elle.

Je rétorque :

— Je ne pense pas que ce soit une bonne idée.

Puis nous avançons dans la file, nous rapprochant du portique et des vigiles qui vérifient les sacs de tous ceux qui entrent ou sortent du tribunal.

— Tu ne peux pas tout simplement...

Marian est sur le point de perdre son calme.

Mais je l'interromps.

— Florence est encore très accrochée à moi. Elle n'aime pas les situations nouvelles. Il vaudrait mieux que vous lui rendiez visite à la maison.

Elle émet un petit bruit, « pff ! », comme si elle ne me croyait pas, comme si je la privais délibérément de sa petite-fille.

— Tu pourras le constater par toi-même, dis-je sans prendre de gants.

La femme devant moi pose son sac dans le bac et, quand le vigile l'y autorise, elle franchit le portique.

Je propose alors à Marian :

— Passez ce soir, ou demain. En général, elle va au lit à 19 heures. Il est important de respecter une routine.

Le vigile me fait signe d'avancer, et je pose mon sac dans le bac.

— Entendu, acquiesce Marian d'un ton crispé.

L'inimitié entre nous crépite comme de l'électricité statique. Ça me démange de lui renvoyer au visage certains éléments à charge. De l'accabler avec les chaussures manquantes, les vêtements sans la moindre tache et les lingettes. Mais ce n'est pas elle l'ennemi, pas vraiment ; c'est toi. Il se trouve juste qu'elle est ta mère, la pauvre conne.

Je fonde tous mes espoirs en la commissaire Ferguson. Elle doit avoir des munitions contre toi.

Elle a l'air pimpante et pleine d'énergie quand elle jure sur la Bible. Elle décrit son rôle, comme elle l'a fait quand elle s'est présentée à nous.

— Vous avez supervisé l'ensemble des interrogatoires avec M. Tennyson après le meurtre, n'est-ce pas ? demande Me Cromer.

— C'est exact.

— Pourriez-vous rapporter à la cour la version de M. Tennyson concernant les événements de la soirée en question ?

— M. Tennyson a affirmé que son épouse et lui étaient à la maison, Mme Tennyson regardait la télévision, et il s'est rendu à la salle de sport. À son retour, il a découvert sa femme gisant sur le parquet du salon. Il a essayé de la ranimer et, n'y parvenant pas, a appelé la police, puis sa belle-mère, Mme Sutton.

— À quelle heure avez-vous reçu son appel ?

— À 22 h 50, dit la commissaire Ferguson.

— Aviez-vous des raisons de remettre en cause sa version ?

— Oui. Le récit de M. Tennyson n'était pas cohérent avec les preuves de la police scientifique.

J'aime le mot « récit » ; il suppose une fiction, une histoire que tu as inventée de toutes pièces pour nous duper.

— Veuillez développer, je vous prie, dit Me Cromer.

— M. Tennyson a déclaré avoir tenté de réanimer sa femme et a notamment dit que, de la porte d'entrée, il est venu jusqu'à elle, puis s'est penché au-dessus d'elle pour vérifier si elle respirait. Il lui a ensuite secoué l'épaule, l'épaule droite, en prononçant son prénom.

Son visage détruit, voilé par ses cheveux englués de sang.

» Si tel avait été le cas, nous aurions dû retrouver des traces de sang sur les vêtements de M. Tennyson, et à coup sûr des empreintes, le sang sur le sol ayant formé une flaque tout autour du crâne de la défunte et de son buste.

— Aucune trace n'a été relevée ?

— Aucune.

Tu t'es trop soigneusement lavé, c'est ce qu'elle est en train de dire. En tentant d'effacer toutes les traces de ton crime, tu t'es trahi. Tu as mis les pieds dans le plat en essayant justement de l'éviter.

— Nous avons alors commencé à nous demander si M. Tennyson n'était pas présent au moment du meurtre et n'avait pas, par conséquent, changé de tenue, de chaussures, et caché le tout. Un certain nombre d'éléments étaye ce scénario. La peau retrouvée sous les ongles de Mme Tennyson correspond à celle de M. Tennyson, déclare la commissaire Ferguson.

Un murmure ondoie dans l'assemblée, et à cet instant, la tête me tourne un peu.

Elle poursuit :

— M. Tennyson présentait des éraflures sur l'avant-bras. Les empreintes digitales qu'il a laissées sur le mur, près de l'escalier, et sur la porte de la salle de bains indiquent qu'il avait du sang sur les mains ; or, il n'y en avait pas sur les habits qu'il affirme avoir portés sur la scène du crime.

— En d'autres termes, avait-il du sang sur les mains quand la police l'a examiné plus tard dans la soirée ? demande Me Cromer.

— Non, il a déclaré les avoir lavées dans le lavabo de la salle de bains. Par ailleurs, les gouttes d'eau sur la paroi de la douche contenaient du sang de la victime, et les matériaux présents dans les cendres du poêle nous fournissent une explication plausible quant à l'absence des chaussures de course Adidas dont on a identifié une empreinte à gauche du corps de Mme Tennyson.

— Ces chaussures n'ont pas été retrouvées, n'est-ce pas ? demande Me Cromer.

— C'est exact. Toutefois, la preuve de l'achat de ces chaussures figure sur le relevé des règlements effectués avec la carte bancaire de M. Tennyson, en juillet 2009. L'achat date du 29 du mois susmentionné.

J'en ai le souffle coupé. J'entends quelqu'un pousser une petite exclamation. Bea me saisit la main et l'étreint. Elle te tient ! Elle a la preuve que tu as acheté les chaussures. Quelles contorsions vas-tu faire pour t'en sortir ?

— Cinq semaines avant le meurtre ? demande Me Cromer.

— C'est exact.

— Avez-vous interrogé M. Tennyson à ce sujet ?

— La question lui a été soumise, et il a répondu qu'il s'agissait d'un achat impulsif, qu'elles étaient inconfortables, aussi, après deux semaines, les a-t-il déposées dans la poubelle de tri sélectif, près du magasin de chaussures, dans la Stockport Road.

Un cas flagrant de destruction de preuves. Mais où sommes-nous au juste ? Dans un roman d'Agatha Christie ?

La commissaire Ferguson poursuit :

— Nous n'avons pas été en mesure de le vérifier. Le contenu de la poubelle est vidé chaque semaine.

— Quelqu'un a-t-il vu M. Tennyson le 12 septembre, au soir ? questionne Me Cromer.

— Oui, la réceptionniste de la salle de sport, l'employé de l'épicerie où il a acheté du lait ainsi qu'un voisin qui habite à l'autre bout de l'impasse, répond la commissaire.

— M. Tennyson vous a-t-il indiqué l'itinéraire qu'il avait emprunté pour se rendre à la salle de sport ?

— Oui.

— Mesdames et messieurs les jurés, vous le retrouverez sur le plan que nous vous remettons, annonce Me Cromer.

Celui-ci s'affiche également pour nous sur l'écran.

— Combien de temps dit-il avoir mis ?

— Il déclare que cela prend environ une demi-heure de marche.

— À quelle heure affirme-t-il avoir quitté la maison ?

— À 20 h 30, répond la commissaire.

— Est-il passé devant des caméras de vidéosurveillance ?

— Seulement ici, au niveau de la banque. (Elle désigne l'endroit.) Mais s'il se trouvait de l'autre côté de la rue, sa présence n'aura pas été enregistrée par les caméras.

Pourquoi ajoute-t-elle cela, te fournit-elle une excuse ? Après un élan de colère, je songe qu'elle essaie peut-être de souligner son honnêteté, de montrer qu'elle ne manipule pas les informations, qu'elle joue cartes sur table. Laissant moins de points à marquer à ton camp. La commissaire Ferguson n'a rien à cacher ni à craindre.

— Est-il exact que deux textos ont été envoyés du téléphone de Mme Tennyson ce soir-là ?

— Tout à fait, répond la commissaire. L'un à 20 h 38, à Jack Tennyson, l'autre à 20 h 39 à Ruth Sutton.

— À cette heure, M. Tennyson a affirmé être déjà parti pour la salle de sport, n'est-ce pas ? demande Me Cromer.

— C'est exact, mais nous pensons qu'il a envoyé les messages avant de sortir de la maison afin de se constituer un alibi.

J'ai la nausée. Le dernier texto de Lizzie, celui que j'ai conservé comme un trésor, est un faux, une imposture.

— Avez-vous examiné le téléphone portable de Mme Tennyson ?

— Oui. Nous n'avons trouvé aucune empreinte dessus, répond la commissaire.

— Est-ce inhabituel ? questionne Me Cromer.

— C'est tout à fait anormal.

— Comment expliqueriez-vous cette absence d'empreintes ?

— L'appareil a été essuyé, affirme-t-elle.

L'énergie de la commissaire, sa vitalité et son assurance transparaissent. Il est certain que sa confiance complète dans le dossier et sa connaissance détaillée de faits qui se recoupent vont persuader le jury.

— Existe-t-il d'autres éléments susceptibles de renforcer vos soupçons concernant M. Tennyson ?

— Oui. La porte d'entrée n'a pas été forcée. Aucun témoin n'a vu une personne autre que M. Tennyson entrer ou sortir de la maison, ce soir-là. Et l'expertise criminalistique ne fait état d'aucune présence d'un tiers.

— Malgré tout, vous avez relevé des empreintes digitales non identifiées ? souligne Me Cromer.

— Oui.

— Pourraient-elles appartenir au rôdeur qui a été appréhendé dans le quartier et que les Tennyson ont décrit à la police deux jours avant le meurtre ?

— Non, nous avons retrouvé et disculpé cet individu, dit-elle.

— Et qu'en est-il de Broderick Litton, l'homme qui avait harcelé Mme Tennyson par le passé et proféré des menaces à son encontre ? Avez-vous recueilli des preuves relatives à lui sur la scène du crime ?

— Rien qui s'en approche, dit-elle.

— L'avez-vous retrouvé et disculpé ?

— Non, concède la commissaire, mais je peux vous assurer en toute confiance que, lorsque nous avons arrêté M. Tennyson, nous ne considérions plus depuis longtemps Broderick Litton comme un suspect éventuel. Aucune preuve ne le relie au meurtre.

Et avec ça, elle dissipe toute spéculation sur le désaxé qui serait le véritable assassin.

— M. Tennyson est-il revenu sur certaines déclarations à un moment ou un autre des interrogatoires ? demande Me Cromer.

— Non.

— Pas une seule fois ?

— Non, confirme la commissaire.

— Quel est le pourcentage des personnes tuées par des étrangers ? interroge Me Cromer.

— Une petite minorité. Les dernières statistiques montrent que seulement deux pour cent des femmes sont tuées par des inconnus.

— Et parmi elles, combien sont assassinées à leur propre domicile ?

— Je n'ai pas les chiffres, mais ils doivent être très faibles.

— Merci.

Et il s'incline légèrement.

Me Dixon s'avance au moment où Me Cromer se rassoit. Elle va avoir du pain sur la planche.

— Si M. Tennyson est allé à la salle de sport, en est revenu et a alors trouvé sa femme, conformément à sa déposition, n'est-il pas possible que ses vêtements aient été propres ?

— Pas s'il l'a touchée. C'est hautement improbable.

— Mais possible ?

— Je n'ai jamais vu...

— S'il vous plaît, répondez à la question, commissaire. Aurait-il été possible qu'il n'y ait eu aucune goutte microscopique du sang de sa femme sur ses vêtements après qu'il l'a trouvée, à son retour ?

— C'est possible, mais hautement improbable. En outre...

Me Dixon l'interrompt.

— Est-ce possible ?

— Oui.

— Merci. Vous avez évoqué l'utilisation d'une lingette pour bébé qui aurait permis de nettoyer le tisonnier. Cependant, vous n'avez pas pu établir que la lingette utilisée provenait du paquet présent dans la maison, n'est-ce pas ?

— Non, mais elle est de la même marque, répond la commissaire Ferguson.

— L'agresseur aurait-il pu trouver les lingettes lorsqu'il recherchait quelque chose pour nettoyer le tisonnier ?

— Oui, concède la commissaire.

— Et l'on peut aussi envisager qu'il ait apporté des lingettes ? demande Me Dixon.

— Oui, répond la commissaire.

Cependant, on voit bien qu'elle pense que tout cela, ce sont des inepties.

— Quant au téléphone de Mme Tennyson, ne se peut-il pas qu'elle l'ait essuyé elle-même ?

— C'est possible.

— M. Tennyson a-t-il eu des démêlés avec la police avant cette affaire ? questionne Me Dixon.

— Non.

— Pas de condamnations ni de mises en garde, il n'a jamais commis le moindre délit ?

— Non.

— Et, au cours de votre enquête, a-t-il été établi que la défunte ait dénoncé des violences domestiques à la police ? s'enquiert Me Dixon.

— Non.

— S'est-elle rendue à l'hôpital pour des blessures inexpliquées, ou y a-t-il eu des plaintes déposées à ce sujet ?

— Non.

— A-t-elle demandé une ordonnance contre son mari ?

— Non.

— Abordé le problème avec son médecin généraliste ?

— Non, répète la commissaire.

— Vos agents sont venus interroger les voisins. Ceux-ci ont-ils rapporté des disputes chez les Tennyson ?

— Non.

— Est-il vrai que Mme Tennyson a vu un rôdeur dans son jardin, le mercredi précédant le meurtre ? questionne Me Dixon.

— Oui, mais nous avons interrogé cet individu, et il a été disculpé.

— De quelle façon ?

— Il avait un alibi, qui a été confirmé par diverses sources indépendantes. Il ne pouvait pas se trouver au domicile des Tennyson, ce samedi soir-là.

— Un alibi, répète Me Dixon comme si c'était le mot qu'elle voulait entendre. Est-il vrai que Mme Tennyson a rapporté à la police qu'elle avait été harcelée par un individu en 2007, puis denouveau en 2008 ?

— Oui, confirme la commissaire.

— L'homme a alors été identifié comme étant Broderick Litton, n'est-ce pas ? dit Me Dixon.

— Oui.

— Et Jack Tennyson tout comme Ruth Sutton vous ont parlé de cet homme immédiatement après le meurtre ?

— C'est exact, mais...

Elle ne peut pas terminer, car Me Dixon l'interrompt :

— Et vous n'avez pas été en mesure de retrouver Broderick Litton et de le disculper ?

— Nous n'estimons pas que ce soit un suspect crédible...

— S'il vous plaît, répondez à ma question, insiste Me Dixon.

— Nous ne l'avons pas localisé, mais nous l'avons éliminé comme principal suspect pour ce crime.

— Vous ne l'avez pas retrouvé ?

— Non, confirme la commissaire Ferguson, d'une voix légèrement agacée.

— Vous n'avez pas été en mesure de l'interroger sur les événements du 12 septembre ?

— Non.

— Donc vous n'avez aucun alibi pour Broderick Litton, un homme qui a traqué Mme Tennyson et l'a menacée de mort ?

— Non, mais comme je...

— Je n'ai pas d'autres questions, dit Me Dixon d'un ton plein de sous-entendus.

Elle est parvenue à détourner notre attention de toi, de toutes les preuves rassemblées contre toi, pour que nous la reportions sur un bouc émissaire, un homme fantôme, un monstre mystérieux.

Florence fond en larmes quand je vais la chercher.

— Tout s'est bien passé jusque-là, vraiment, m'assure April.

Je lui demande alors :

— Qu'est-ce que tu as ?

Mais Florence ne répond pas, elle ne cesse de crier, et ce son strident me fait l'effet d'aiguilles qu'on enfonce sous ma peau, me met les nerfs à vif.

— Viens, rentrons à la maison, dis-je.

Je dois quasiment la traîner jusqu'à la voiture, sous ses hurlements. Ben a l'air d'en avoir assez d'elle.

Moi aussi, mon vieux.

Dès que la voiture roule, elle se calme, à l'instar d'un bébé. C'est parfois l'impression qu'elle me donne, celle d'être un nourrisson dans le corps d'une enfant de quatre ans.

Une fois à la maison, je lui annonce que ses autres grands-parents vont venir la voir.

Elle devient très silencieuse.

— Ça va être bien, dis-je pour l'encourager.

Ton procès m'épuise, tant sur le plan physique que psychologique. Chaque soir, j'ai la sensation d'avoir vécu un nouveau traumatisme, un accident de voiture quotidien. Aujourd'hui, je suis si fatiguée que je ne prends même pas la peine de me préparer de quoi manger, me contentant de grignoter des crackers. Je donne de nouveau des beignets de poisson à Florence. Elle en mange la moitié d'un et tout le ketchup dessus. Je finis ses restes. A-t-elle dîné, chez April ? Je n'ai même pas pensé à demander.

Marian et Alan arrivent avec des cadeaux. Florence se cache derrière moi sur le seuil de la porte et continue à jouer les timides jusqu'à ce que je la tire par le bras.

— Allez, viens voir ce que grand-mère t'a apporté.

Florence me donne un coup de pied dans le tibia, un coup qui me fait très mal. Je jure entre mes dents.

Elle est grincheuse et le demeure pendant toute l'heure qu'ils passent à la maison. Elle ne participe pas du tout, et quand elle le fait, c'est avec moi, ce qui, je le vois, est difficile à vivre pour Marian et Alan. Notre conversation est ridicule, fragmentée, nous parlons de la circulation à Manchester et de l'extension du réseau du tramway, ainsi que de la nourriture servie à leur hôtel.

Au moment de partir, Marian essaie d'embrasser Florence, mais celle-ci se dérobe et se cache de nouveau derrière moi.

Marian secoue la tête, puis fronce les sourcils en me regardant, irritée. Que croit-elle ? Que j'ai monté l'enfant contre eux, les ai critiqués ?

— Ça ne vient pas de vous, dis-je dans un effort diplomatique. Elle se comporte ainsi avec presque tout le monde.

— C'est une phase, alors ? s'enquiert Marian.

— Espérons, réponds-je.

Ces preuves toujours plus nombreuses influent-elles sur la façon dont ils te perçoivent, dont ils appréhendent la situation ? Ou bien restent-ils bornés et crédules, mus par une loyauté scabreuse ?

Ruth

CHAPITRE 4

17 Brinks Avenue
Manchester
M19 6FX

Rebecca a changé de style : elle porte une jupe et une veste gris moucheté, des chaussures et des collants noirs, ainsi qu'un chemisier couleur crème. Elle est nerveuse ; quand elle déclare qu'elle dira la vérité, elle bégaie et hésite, tel un moteur sur le point de caler.

Me Cromer indique depuis combien de temps Lizzie et elle se connaissaient, puis demande :

— Mademoiselle Thornton, comment décririez-vous votre amitié ?

— Nous étions proches ; en fait, c'était ma meilleure amie.

— Vous étiez le témoin de Lizzie Tennyson à son mariage ?

— Oui, confirme-t-elle.

— Vous vous faisiez beaucoup de confidences ?

— Oui.

— Était-elle heureuse en couple ?

Rebecca réfléchit avant de répondre.

— Au début, oui.

— Et après ?

— Parfois, elle n'était pas heureuse, dit Rebecca.

— Savez-vous pourquoi ?

— Parce que Jack la battait.

Ces mots traversent l'auditoire comme une flèche. Un demi-battement de cœur plus tard, un crescendo sonore monte dans la salle. Les membres du jury se penchent un peu plus en avant, comme pour mieux se concentrer sur Rebecca.

Et toi ? Tu oscilles la tête, prends un air blessé, comme si on venait de te porter un coup ; ce n'est rien de moins qu'une calomnie infamante, c'est ce que tu veux nous faire croire.

— Dites-nous de quelle façon vous l'avez appris, s'il vous plaît, demande Me Cromer.

Rebecca raconte comment elle a surpris Lizzie en train de lui mentir, le cri que celle-ci a poussé quand elle lui a touché le bras, puis son aveu : elle avait été frappée et avait décliné la sortie à la piscine, sachant qu'elle devrait expliquer la présence d'hématomes sur son corps.

— Comment avez-vous réagi ? interroge Me Cromer.

— Je lui ai conseillé de se faire aider. Qu'ils aillent par exemple consulter ensemble un médiateur, qu'ils trouvent une solution pour remédier à cette situation. Je lui ai dit que cela ne devait pas se reproduire et lui ai proposé de l'héberger si elle voulait le quitter.

— Mme Tennyson a-t-elle demandé de l'assistance ? questionne Me Cromer.

— Pas que je sache, répond Rebecca.

— Avez-vous eu connaissance d'autres incidents de violence domestique ?

— Oui.

— Quand ?

— L'été dernier.

— Quatre ans après les premiers faits ?

— Oui.

— Racontez-nous, je vous prie, dit Me Cromer.

— Lizzie avait annulé une sortie à la dernière minute, affirmant qu'elle avait une gastro. Or, nous avions prévu de sortir depuis très longtemps. Le lendemain, je suis donc passée la voir à l'improviste. Jack était à la maison, ainsi que Florence. Quand celle-ci s'est assise sur ses genoux, Lizzie a poussé un cri et a manqué de s'évanouir. Jack a alors fait diversion avec Florence. Puis Lizzie a tenté d'inventer une explication, mais elle était en larmes, elle avait mal. Elle n'a pas bougé du canapé pendant toute la durée de ma visite.

— En avez-vous discuté pendant que vous étiez chez eux ? demande Me Cromer.

— Je ne pouvais pas le faire en présence de Jack.

— Et ensuite, lui en avez-vous reparlé ?

— J'ai essayé, je lui ai envoyé des messages, mais elle n'a pas voulu reconnaître que quelque chose n'allait pas.

— En avez-vous parlé à un tiers ?

— Non, je lui avais promis, la première fois, de garder le silence. (Rebecca fait la grimace.) Je regrette, elle serait peut-être encore en vie.

Me Dixon s'empresse de faire objection. Rebecca n'est pas censée avancer des hypothèses.

Le juge prie le jury de ne pas tenir compte de sa dernière remarque.

Rebecca pleure et présente des excuses.

— Encore quelques questions, dit gentiment Me Cromer.

Rebecca acquiesce, aspire de profondes bouffées d'air, puis s'essuie le visage avec un grand mouchoir à pois noir et blanc. Du Rebecca tout craché. Elle hoche de nouveau la tête, brusquement, comme si elle avait hâte de continuer.

— À votre avis, pourquoi Mme Tennyson n'a-t-elle pas reconnu que vous aviez vu juste, la deuxième fois ? questionne Me Cromer.

— Je l'ignore.

— Pourquoi n'en a-t-elle jamais parlé à personne ?

— Elle avait honte, elle ne voulait pas que les gens sachent. « Je ne pourrais pas le supporter », c'était ce qu'elle disait. « Je ne pourrais tout simplement pas le supporter. »

— Quand Mme Tennyson vous a confié que M. Tennyson avait été violent physiquement avec elle, avez-vous été surprise ?

— Oui, dit Rebecca.

— Pourquoi ? demande Me Cromer.

— Je ne pensais pas qu'il était ce genre d'homme. Je le prenais pour quelqu'un de convenable, je croyais qu'il la traitait bien.

— Mme Tennyson vous a-t-elle expliqué ce qui avait déclenché cette violence ?

— Selon elle, Jack avait perdu le contrôle de ses nerfs. Il était stressé parce qu'il n'avait pas de rôle et que les auditions se tarissaient. Elle avait tenté de le réconforter, mais il l'avait mal pris.

— De quelle façon l'avait-elle réconforté ?

— Elle lui avait dit qu'une opportunité finirait par se présenter, et qu'il devait accepter d'être un homme entretenu pendant quelque temps.

— Mme Tennyson vous a-t-elle raconté comment cela s'est passé entre eux, après l'agression ?

— Jack était en pleurs, il se confondait en excuses, il implorait son pardon.

Tu as les traits impassibles, le regard triste. Plein de dignité, d'aucuns te décriraient comme stoïque. Je dirais duplice, si tu veux savoir.

Nous revenons en détail sur le témoignage de la matinée, Tony, Denise, Bea et moi, tandis que nous déjeunons sur le pouce. Nous ne cessons de ressasser le fait que tu étais un mari violent, et que nous n'en savions rien. C'est encore si difficile à croire. Le café se trouve dans une rue latérale, près du tribunal. Il est notamment fréquenté par des juristes, en costumes noirs, soignés, encombrés de lourds attaché-cases, ou sacs, ainsi que d'ordinateurs. D'autres personnes, comme nous quatre, sont étrangères à ce monde, mais entraînées dedans de façon inexorable.

Me Dixon affiche son habituel sourire orange et se lance dans un contre-interrogatoire.

— En 2005, lorsque la défunte vous a confié que M. Tennyson la battait, avez-vous vu les preuves de ses affirmations ?

Rebecca hésite un instant.

— Non, répond-elle.

— Pas d'hématomes, de griffures, de brûlures ou quoi que ce soit de cette nature ?

— Non.

— Mme Tennyson vous a-t-elle dit où M. Tennyson l'avait frappée ? Sur quelles parties du corps ?

— Non.

— Vous a-t-elle dit combien de fois il l'avait frappée ? demande Me Dixon.

Une douzaine de coups, au moins.

— Non, dit Rebecca.

— Vous a-t-elle dit combien de temps la prétendue agression a duré ?

— Non, répète Rebecca.

Elle tremble.

— Mme Tennyson était alors enceinte. Comment vivait-elle sa grossesse ?

— Elle manifestait beaucoup d'enthousiasme.

— Mais encore ?

— Elle avait des difficultés à dormir et des brûlures d'estomac, il me semble. Et elle était aussi un peu d'humeur changeante.

— C'est-à-dire ?

— Des hauts et des bas à cause des hormones, explique Rebecca.

— Donc, même si elle était enthousiaste, il y avait des moments où elle se sentait malheureuse, insatisfaite ?

— Pas vraiment. (Rebecca s'efforce de corriger l'impression.) Elle était plus susceptible, enfin, je ne sais pas, bredouille-t-elle.

— Vous ne savez pas, répète l'avocate.

Et ces paroles viennent affreusement ébranler celles de Rebecca.

— Mademoiselle Thornton, vous étiez témoin à son mariage, sa plus vieille amie... Étiez-vous contente que Lizzie Sutton épouse Jack Tennyson ?

— Oui.

— Vous avez déclaré à la cour que vous étiez surprise de ses allégations de maltraitance physique. Ne vous est-il pas venu à l'esprit que Mme Tennyson pouvait les avoir inventées ?

— Non. Pourquoi aurait-elle fait ça ?

Rebecca paraît inquiète.

— Pour gagner votre sympathie ?

— Elle n'avait pas besoin d'agir ainsi, nous étions déjà amies.

— Quand avez-vous vu Mme Tennyson pour la dernière fois ? demande promptement Me Dixon.

— Début juillet, l'an dernier.

— Et avant ?

— En avril ?

— Trois mois plus tôt. Ne serait-il pas juste de dire que vous n'aviez plus de contacts réguliers ?

— Je vis à Londres, explique Rebecca.

— Répondez à ma question, s'il vous plaît.

— Nous échangions des textos, et nous nous appelions très souvent.

— Le relevé des appels sur le portable de la défunte indique qu'elle vous a contactée quatre fois durant cette période, objecte Me Dixon.

— Elle était occupée.

— Trop occupée pour parler à sa meilleure amie ?

Rebecca tressaille, l'air blessé. Je me rappelle les critiques cinglantes de sa mère, j'ai envie de la protéger contre les attaques de l'avocate, mais je suis impuissante.

— Mme Tennyson vous avait-elle fait part de sa récente grossesse ?

— Non.

— Elle ne se souciait guère de vous donner de ses nouvelles ; vous viviez et travailliez à trois cents kilomètres de chez elle. Vous nous avez affirmé que Mme Tennyson était occupée, trop occupée pour maintenir une relation avec vous, me semble-t-il. Vous n'êtes pas mariée ? ajoute-t-elle après une pause.

— Non.

— Vous n'avez pas d'enfant ?

— Non.

— Je suis d'avis que Mme Tennyson avait trouvé tout ce dont elle avait besoin dans son mariage, sa vie de maman, son métier. N'est-ce pas le cas ?

— Non... Je ne sais pas, bégaie Rebecca, confuse et malheureuse.

— Concernant les faits que vous avez évoqués à propos de l'été dernier, vous n'avez alors vu aucun signe de violence physique, pas d'hématomes, de marques, de brûlures ?

— Non.

— Depuis 2005, avez-vous remarqué, à un moment ou à un autre, une preuve concrète de blessures physiques ? demande Me Dixon.

Rebecca hésite.

— Non.

— Vous affirmez que Mme Tennyson vous a mentionné des violences domestiques en 2005. Quand en a-t-elle reparlé ?

— Pardon ?

— Quand ?

— Elle n'en a pas reparlé.

— Pendant tous ces mois, ces années, l'épisode ne s'est pas répété. Nous pouvons donc en conclure qu'elle n'en a rien dit parce qu'il n'y avait rien à dire. Parce que Jack Tennyson la traitait bien. En convenez-vous ?

— Oui.

Elle est forte, ton avocate. Est-ce que ton espoir renaît chaque fois qu'elle réalise ce genre d'exploit : prendre un élément potentiellement accablant et en réfuter toute la pertinence ? Le bénéfice du doute, c'est sa manière de procéder. Si elle en produit suffisamment, tu seras libre.

— Et selon vous, lors de l'épisode auquel vous faites référence, l'été dernier, Mme Tennyson souffrait ?

— Oui.

— Mais il pouvait y avoir d'autres raisons que celle que vous avez évoquée, non ?

— Peut-être.

— Si Florence lui avait appuyé sur un nerf en grimpant sur ses genoux ou, plus simple encore, si elle avait une gastro-entérite, ainsi qu'elle vous l'avait dit, cela aurait expliqué son attitude, vous ne croyez pas ? demande Me Dixon.

— Si.

— Et pourtant, vous avez choisi de voir en Mme Tennyson une victime de violence conjugale, à cause des préjugés que vous nourrissez envers M. Tennyson.

— Non, proteste Rebecca.

— N'est-il pas vrai qu'au lieu de croire votre amie, votre meilleure amie de longue date, vous avez tiré des conclusions hâtives ?

— Je pensais…

— Vous étiez déçue qu'elle ne se soit pas jointe à vous, le soir où vous deviez sortir ensemble, et quand elle vous a assuré que tout allait bien, vous avez pensé qu'elle vous mentait, n'est-ce pas le cas ?

— Je ne sais pas, dit Rebecca.

— Ne vous a-t-il pas traversé l'esprit que Mme Tennyson ne voulait peut-être pas vous voir ? Qu'elle préférait passer du temps en compagnie de son mari ?

— Non, dit Rebecca, les lèvres tremblantes, au bord des larmes.

— Il est possible que Mme Tennyson estimait que votre amitié avait atteint son terme. Qu'il était temps de tourner la page. Mais vous ne pouviez le tolérer, alors vous êtes venue chez elle sans y être invitée et, au lieu d'accepter sa version, vous avez inventé cette fable.

— Ce n'est pas vrai.

— Vrai ?

Me Dixon prononce ce mot comme s'il était toxique.

— N'est-il pas vrai que Mme Tennyson avait dit avoir une gastro-entérite ?

— Si, mais…

— N'est-il pas vrai que vous avez surgi à l'improviste ?

— Si.

— N'est-il pas vrai que, lorsque vous lui avez ensuite demandé par texto si elle allait bien, elle vous a répondu que oui ?

— Si.

— Pensez-vous que votre amie était une menteuse ? Une personne malhonnête ?

— Non… Vous déformez tous mes propos, balbutie Rebecca, visage et cou empourprés.

Une pause gênée s'ensuit, puis Me Dixon reprend :

— Je conçois qu'il soit parfois difficile de répondre à des questions, mais l'avenir d'un homme, sa liberté et sa réputation sont en jeu, et je dois m'assurer que le jury est en pleine possession de tous les éléments pour rendre son verdict. Je ne déforme rien, j'essaie juste de démêler les faits de la fiction, les preuves solides des rumeurs et des spéculations.

Le juge s'agite sur son siège et déclare :

— Une question, s'il vous plaît, Maître Dixon.

— Votre Honneur.

Elle s'incline, adresse un petit salut, puis se tourne vers Rebecca.

— Diriez-vous que Mme Tennyson était une personne honnête ?

— Oui.

Rebecca affiche un visage de marbre ; elle regarde à peine l'avocate.

— Vous croyiez ce qu'elle vous disait ?

— Oui, répète Rebecca.

— En été, elle vous a assuré que tout allait bien, c'est ce que vous avez affirmé, n'est-ce pas ?

— Oui.

— Quand vous lui avez rendu visite à l'improviste, comment était M. Tennyson ?

— Charmant.

Un homme charmant.

— Il vous a invitée à entrer ? demande Me Dixon.

— Oui.

— Il semblait heureux que vous discutiez avec Mme Tennyson ?

— Oui.

— Il vous a donné l'impression que vous étiez la bienvenue ?

Que peut-elle répondre, à part :

— Oui.

— Vous pensiez que Mme Tennyson avait été agressée par son mari, mais le seul élément pour étayer votre hypothèse était une conversation que vous aviez eue quatre ans plus tôt, quand elle avait avancé des allégations sans preuves à l'égard de M. Tennyson. Est-il exact de dire que, cette fois, vous avez fait une supposition ?

— Oui, acquiesce froidement Rebecca, mâchoires crispées.

— Il est possible que vous vous soyez trompée, n'est-ce pas ? enchaîne Me Dixon.

— Oui.

— Votre supposition pouvait être erronée ?

— Oui, dit Rebecca d'un ton morne.

Elle a renoncé.

— Vous n'avez jamais fait part de vos inquiétudes à quiconque, n'est-ce pas ?

— Non.

— Non, répète Me Dixon. La défunte vous a-t-elle dit qu'elle avait des raisons d'avoir peur de son mari, de craindre pour sa vie ?

— Non, dit Rebecca.

— Au contraire, Mme Tennyson a nié vigoureusement toutes vos insinuations concernant les violences dont elle aurait été victime. N'est-ce pas exact ?

Rebecca lance un regard furieux à l'avocate, mais répond :

— Oui.

C'est comme d'assister à l'éviscération d'une proie. Me Dixon est une hyène qui arrache le cœur et les poumons, le foie de Rebecca, invalidant son témoignage.

— Vous a-t-elle dit un jour qu'elle aimait Jack Tennyson ?

— Oui.

— Vous avez donc perdu votre meilleure amie à cause de sa nouvelle relation, de son mariage. Elle se confiait désormais à son mari. Vous sentiez-vous exclue ?

— Non, affirme Rebecca.

— Jalouse ?

— Non, proteste-t-elle.

— Mme Tennyson n'a pas répondu à vos appels. Peut-être en vouliez-vous à M. Tennyson de la distance qui se creusait entre elle et vous ? questionne Me Dixon.

— Ça n'a aucun sens.

De nouveau, Rebecca a le visage empourpré.

— Un simple oui ou non suffira.

— Non.

Une dénégation qui sonne de façon grossière, correspondant presque à l'image que Me Dixon a peinte d'une amie jalouse, résolue à créer des histoires à cause de toi, le mari aimant.

— Ne trouvez-vous pas curieux que personne, absolument personne, ni la mère ni le père de la défunte, d'autres amis, ses collègues, son généraliste, personne n'ait jamais entendu le moindre mot à propos de violences domestiques au sein de son couple ?

— Je ne sais pas.

— Ne trouvez-vous pas curieux d'être la seule personne qui en ait eu vent ? Et que, bien que Mme Tennyson vous ait prétendument (elle accentue le dernier terme de manière sarcastique) parlé d'un incident quatre ans plus tôt, elle ne vous ait jamais livré le moindre détail, ni sur ce que M. Tennyson avait fait, ni où elle avait été blessée, et que vous-même n'avez pu observer aucune preuve physique appuyant ses allégations ? N'est-ce pas étrange ?

— Peut-être.

Rebecca relève le menton et balbutie :

— Mais c'est la vérité.

Me Dixon laisse le silence s'abattre sur la salle afin que le caractère incertain de cette réponse finale s'inscrive dans les esprits.

— Merci, dit-elle enfin.

Et quand Rebecca quitte la barre, les graines du doute ont bel et bien été semées.

Ruth

CHAPITRE 5

17 Brinks Avenue
Manchester
M19 6FX

Le dernier témoin de l'accusation est une psychologue. Me Cromer explique que le Dr Nerys Martinez est une experte qui aura pour rôle d'éclairer les jurés sur les violences domestiques, élément clé de l'affaire.

C'est une femme soignée, de petite taille, à la peau noire ; on entend des inflexions françaises dans son accent.

— Vous avez mené des études sur de nombreux cas relatifs au phénomène de violences domestiques, n'est-ce pas ? demande Me Cromer.

— Oui.

— La violence n'est-elle pas le résultat d'une personne qui perd le contrôle de ses nerfs ?

— Pas du tout. La maltraitance est planifiée, préparée. L'agresseur n'a généralement aucune difficulté à se maîtriser au travail ou, disons, avec des amis.

— Dans les recherches que vous avez conduites, s'il est arrivé qu'une personne agresse une fois son partenaire, est-il fréquent qu'elle réitère ?

— Extrêmement fréquent. Le taux d'agressions isolées qui ne se sont jamais reproduites est quasiment nul, déclare le Dr Martinez.

— Et pouvez-vous nous dire pourquoi la victime d'une maltraitance peut cacher à ses amis proches ou à sa famille le drame qui la frappe ?

— Tout à fait. Permettez-moi d'abord de définir le fonctionnement habituel de la maltraitance et de la violence. Il s'agit de pouvoir et de contrôle. L'agresseur utilise la menace et la force physique pour dominer son partenaire. Un accès de violence est typiquement suivi d'une culpabilité affichée par l'agresseur : il va demander pardon, et fournira aussi des excuses justifiant son comportement. En général, il s'ensuit une période normale, et la majorité des victimes espère que l'agresseur sera en mesure de tenir sa promesse de ne pas recommencer. Après cette lune de miel, l'agresseur fantasme sur une nouvelle maltraitance puis la planifie. Il va manigancer afin de créer les circonstances idéales lui permettant de s'attaquer de nouveau à sa partenaire. Comme il s'agit, je le répète, d'un enjeu de pouvoir, il fera en sorte que la victime de ses agressions se retrouve dans une position de coupable ; il l'accusera donc d'avoir commis un acte délibéré, destiné à déclencher sa colère. De fait, l'agresseur, mû par l'envie d'exercer sa domination en recourant à la violence, va provoquer une situation où il pourra s'y adonner. Dans la période de regrets et de promesses qui s'ensuit, la personne ayant subi les sévices souhaite croire en la sincérité de leur auteur. Sa confiance en soi est sévèrement ébranlée. Elle se dit qu'en agissant de telle ou telle façon elle sera en sécurité. Elle trouvera des excuses au comportement inqualifiable de son agresseur. Reconnaître la maltraitance pour ce qu'elle est, admettre la vérité, est un pas très difficile à accomplir. Demander de l'aide est encore plus compliqué. Aussi, dans la majorité des cas, la victime dissimule-t-elle la situation autant que possible.

— Les femmes supportent en général de nombreux épisodes de violence avant de chercher du secours. Est-ce exact ? demande Me Cromer.

— Absolument.

— Ne peut-on pas s'attendre à ce qu'un homme qui se conduit ainsi soit violent de façon générale ?

— Non. Les auteurs de sévices décident à qui ils vont s'en prendre, où et comment de sorte que l'agression demeure cachée.

Ils frappent leurs victimes à des endroits où les hématomes ne se voient pas. Les études révèlent qu'ils sont capables de se maîtriser en présence d'un tiers. Il ne s'agit pas d'une perte de contrôle ; au contraire, les maris violents sont vraiment maîtres de la situation.

Ces propos me surprennent, mais ils me permettent de comprendre comment tu t'en es sorti : tu as focalisé ta violence sur Lizzie, et aucun d'entre nous n'a jamais été témoin de tes agressions.

— Et le cas d'une femme qui confie à une amie que son mari la frappe, puis la supplie de se taire, d'une victime qui ne montre aucun signe visible d'hématomes ou autres blessures, est-ce que cela est familier ? questionne Me Cromer.

— Oui, c'est très fréquent, affirme le Dr Martinez.

— Puis qui explique à sa confidente que son mari a rencontré des problèmes au travail, ce qui lui a fait perdre son sang-froid et l'a conduit à des actes de violence, est-ce plausible ?

— Oui, le stress lié au travail est souvent invoqué comme excuse.

— Comme excuse, pas comme raison, dit Me Cromer.

— Exact. Le stress est certes réel, mais l'auteur de violences ne frappe que son épouse, la seule personne qu'il peut dominer et aliéner sans risque d'être dénoncé, précise le Dr Martinez.

— Si nous admettons, pour illustrer votre exposé, que Mme Tennyson ait été violemment battue par son mari, comment expliquez-vous son silence quand son amie soupçonne un nouvel accès de violence domestique, l'été dernier ?

— Le déni et la tactique d'opérer « à porte close » sont caractéristiques de ce genre de situation. Lizzie Tennyson aura eu peur de son mari et des conséquences éventuelles si elle se confiait à un tiers, même à une amie proche. C'est le comportement typique, classique d'une personne victime de violences domestiques. Celle-ci marche sur des œufs en permanence.

— Si je vous comprends bien, une mauvaise estime de soi et l'impression d'être responsable, associées à des sentiments de honte et de peur, peuvent empêcher une victime de révéler ce qu'elle vit ? demande Me Cromer.

— Oui.

— Vous nous avez expliqué que l'homme est en mesure de contrôler sa violence et planifie ses attaques, mais l'agression, dans le cas qui nous intéresse, a été incontrôlée, fatale. N'est-ce pas en contradiction avec vos affirmations ?

— Nous constatons généralement une escalade de la violence et, dans certaines situations extrêmes, l'homme renonce à ses tentatives de dissimulation et cède à son désir de toute-puissance.

— En ôtant la vie à autrui ?

— C'est exact.

— Combien de femmes meurent chaque année des suites de violences domestiques, dans notre pays ? questionne Me Cromer.

— Une centaine, environ.

— Je présume toutefois que c'est plus rare chez les gens éduqués, non défavorisés socialement de manière significative ? dit-il.

— Non, ceci est un mythe. La violence domestique affecte tous les secteurs d'activité, tous les groupes ethniques, toutes les classes sociales.

— Existe-t-il un lien entre grossesse et violence domestique ? demande Me Cromer.

— Oui, nous estimons que trente pour cent des violences commencent lors d'une grossesse, et il est courant que celles-ci durent jusqu'à l'accouchement. Selon le *British Journal of Obstetrics and Gynaecology*, une femme enceinte sur six subira des violences domestiques.

— Et la victime peut voir moins souvent ses amis, sa famille, annuler des sorties, mais prétendre que tout va bien ? questionne Me Cromer.

— Oui, c'est tout à fait cohérent avec la violence domestique. Ce sont d'ailleurs des signes avant-coureurs. Le fait que la victime évite les contacts avec le monde extérieur convient parfaitement à son agresseur ; son isolement lui permet d'asseoir sa domination. Le déni est par ailleurs extrêmement courant.

— Une question.

Me Dixon vient de bondir sur ses pieds.

— Arrive-t-il que des personnes fassent de fausses allégations de violences domestiques ?

— Oui, c'est possible, mais c'est très rare comparé à la prédominance des allégations avérées.

— Pourquoi une personne mentirait-elle sur un tel sujet ? demande Me Dixon.

— Il existe de nombreuses raisons. Pour susciter l'empathie ou attirer l'attention, pour punir un partenaire, parfois pour faire croire que c'est l'autre, l'auteur des sévices, afin de justifier une éventuelle blessure lors d'une scène et de se faire passer pour la victime.

Tu n'aurais pas osé. Tu n'aurais quand même pas accusé Lizzie de te frapper ? Nous ne le savons pas encore. Nous ignorons à quelles extrémités ta défense sera prête à recourir. « Ce n'était pas moi ! », j'en déduis donc que si tu clames ton innocence, tu nieras toutes violences antérieures.

Rebecca passe à la maison dans la soirée. Elle ne tient pas en place tant elle est furieuse d'avoir été malmenée par ton avocate.

— Elle a donné l'impression que j'avais tout inventé. Parce que j'étais jalouse de Jack. C'est dingue, putain de merde !

Elle s'immobilise brusquement et me jette un regard coupable. Je lui souris et secoue la tête. Elle peut jurer, ça n'a pas d'importance.

— Elle m'a fait passer pour une pauvre fille, une excentrique, une instable. Est-ce que le jury m'a crue ?

— Je ne sais pas.

Il m'est impossible de déchiffrer ces douze visages. Non qu'ils soient de marbre, loin de là ! Ils expriment de la surprise, de la sollicitude, de l'intérêt, de l'écœurement et parfois même de l'ennui. Lizzie aurait-elle pu les cerner plus facilement, elle qui était spécialisée dans la communication non verbale ? Aurait-elle pu deviner, par le seul langage du corps, qui était en faveur de qui ?

Marcher sur des œufs en permanence.

Devait-elle se livrer à cet exercice périlleux ? T'apaiser, faire bonne figure, s'alerter au moindre changement d'humeur ? Depuis combien de temps cela durait-il ? Le début de votre mariage ? Avant ? Depuis sa première grossesse ?

— Quand Lizzie s'était confiée à toi, t'avait-elle dit que c'était la première fois qu'il levait la main sur elle ?

— Non, c'est moi qui l'ai déduit, répond Rebecca.

Puis elle ajoute :

— Je dois rentrer à Londres demain. J'aurais aimé rester, mais je ne peux pas m'absenter plus longtemps. S'il s'en sort... (Elle se mordille la lèvre, les larmes aux yeux.) Si seulement j'en avais parlé à quelqu'un !

— Elle aurait probablement nié, dis-je.

J'aurais tant souhaité pourtant qu'elle me l'ait dit. Si j'avais été avertie, compte tenu du fait que je voyais moins Lizzie, aurais-je pu agir ? N'étions-nous pas tous progressivement exclus ? Ne coupais-tu pas méthodiquement les liens pour qu'elle soit encore plus dépendante de toi ?

— Si seulement je l'avais appelée, si j'avais fait plus d'efforts, se lamente Rebecca.

L'agonie rétrospective.

— Tu n'as rien à te reprocher. Rien du tout. Ne pense pas à ça. Il n'y a qu'une personne dans le box des accusés. D'accord ?

Elle ressort son mouchoir à pois.

— Oui, acquiesce-t-elle.

Et elle éclate en sanglots.

Je m'approche pour lui frotter le dos. Lizzie me manque physiquement, et il n'y a aucun signe indiquant que cet état de manque va diminuer. Ces brèves étreintes que nous échangions ces derniers temps, la main de l'une pressant l'épaule de l'autre, un baiser sur la joue, ses cheveux qui me chatouillaient le visage lorsque nous nous séparions. Son rire vibrant dans l'air.

Ruth

CHAPITRE 6

17 Brinks Avenue
Manchester
M19 6FX

Le premier témoin de la défense est un autre acteur ; un frémissement d'intérêt parcourt la salle d'audience quand les gens le reconnaissent. Joshua Corridge. Il a fait mieux que toi : une apparition dans *Emmerdale*, invité spécial dans des shows en prime time, comme *Spooks* ou *Midsomer Murders* (très pertinent). Et, par-dessus le marché, il est plus beau que toi. Il a tourné des publicités ; d'ailleurs, tu m'avais dit une fois que c'était ainsi qu'on gagnait vraiment de l'argent. Si sa présence s'ébruite, des fans risquent d'assiéger le tribunal, pour demander des autographes, cramponnés à des stylos, bras et ventre dénudés. La mode actuelle consiste à se faire gribouiller un nom sur la peau en guise de tatouage. La célébrité rend fou. Je n'ai jamais rencontré Joshua.

— Racontez-nous, s'il vous plaît, comment vous avez connu M. Tennyson, dit Me Dixon.

— C'était à LAMBA, le cours d'art dramatique. Nous sommes devenus amis et nous avons finalement loué un appartement ensemble.

Sa voix, riche d'inflexions sirupeuses, serait parfaite pour vendre des voitures ou des parfums.

— Vous êtes restés en contact ?

— Oh oui ! On se voyait quand je venais travailler ici ou lorsque Jack était à Londres.

Il jette un regard dans ta direction, franc, ouvert, bref sourire à l'appui. Démonstration de confiance et de respect.

— Comment décririez-vous M. Tennyson ?

— Comme un homme normal, honnête, travailleur, un bon copain.

— Avez-vous jamais remarqué de la violence, chez lui ?

— Non. (La question fait rire Joshua.) Jamais, ajoute-t-il avec plus de fermeté.

— Vous connaissiez Mme Tennyson ? demande Me Dixon.

— Oui, Jack me l'avait présentée.

— Fréquentiez-vous Lizzie et Jack Tennyson ?

— Oh oui ! Ma fiancée et moi adorions passer du temps avec eux. Mais nous avions moins d'occasions de nous voir depuis la naissance de Florence.

— Et comment décririez-vous la relation entre Jack et Lizzie Tennyson ?

— Un couple parfait. Ils s'aimaient, tout le monde pouvait le constater.

— M. Tennyson avait-il évoqué avec vous d'éventuels soucis ?

— Concernant le travail, oui, répond-il. C'est un métier prestigieux, mais la plupart d'entre nous n'ont pas de rôle quatre-vingt-dix pour cent du temps. C'est une situation très difficile à supporter.

— Quand M. Tennyson en avait-il discuté avec vous ? s'enquiert Me Dixon.

— La dernière fois que nous nous sommes vus, pour Pâques, l'an passé.

— M. Tennyson était-il dépressif ?

— Non, pas du tout. Juste un peu frustré à cause de sa situation professionnelle, répond Joshua.

— A-t-il exprimé des inquiétudes au sujet de son mariage, ou de sa relation avec son épouse ?

— Non, ils s'entendaient bien, c'était une perle.

Sa phrase sonne faux étant donné le contexte. Il s'en rend compte.

— Je veux dire qu'ils semblaient faits l'un pour l'autre, ils paraissaient très heureux.

Les journalistes s'affairent sur leur téléphone, envoyant sans doute des messages à propos de la star qui témoigne à la barre.

— Qu'avez-vous fait quand vous avez appris la mort de Mme Tennyson ? questionne Me Dixon.

— J'ai voulu appeler Jack, pour lui dire combien j'étais désolé, voir si je pouvais l'aider d'une façon ou d'une autre, mais la police détenait son téléphone portable, il m'a donc fallu un certain temps pour le joindre.

— Et quelle a été votre réaction quand vous avez appris qu'on l'avait inculpé pour meurtre ?

— J'ai été sidéré, vraiment. C'est inimaginable. Aux antipodes de son caractère. Ça ne rime à rien. Tous ceux qui le connaissent vous diront la même chose.

C'est ensuite le tour de Me Cromer.

— Vous avez du succès dans votre domaine ? commence-t-il.

— Oui, j'ai de la chance.

— Est-ce juste une question de chance ?

— Non, pas simplement ; il faut être talentueux, mais il faut aussi se trouver au bon endroit au bon moment.

— Diriez-vous que M. Tennyson était aussi doué que vous ?

— Oui, affirme Joshua.

— Qu'est-ce que cela suppose, d'être bon dans ce métier ?

— Il faut habiter son personnage, le rendre crédible aux yeux du public ; il faut aussi être honnête vis-à-vis du rôle, de la pièce.

— Vous avez fait du théâtre, comme M. Tennyson ?

— Oui.

— N'est-il pas épuisant, soir après soir, de réciter les mêmes répliques ?

— Non. C'est un travail exigeant, mais nous sommes entraînés pour, répond Joshua.

Me Dixon intervient alors.

— Votre Honneur, cela a-t-il un rapport avec l'affaire ?

— Venez-en aux faits, Maître Cromer, intervient le juge.

— Votre formation, à M. Tennyson et à vous, implique que vous soyez capables d'interpréter un rôle aussi longtemps que nécessaire, tout en restant convaincants ?

— Oui, approuve Joshua.

— D'incarner le rôle ?

— Oui.

— Et M. Tennyson est bon dans sa partie ? interroge Me Cromer en essuyant ses lunettes avec le coin de sa toge.

— Oui, très bon.

— Un grand acteur ?

Joshua est tombé droit dans le piège.

Un long silence s'ensuit tandis que le témoin essaie de réfléchir à un moyen de faire machine arrière. Un muscle de sa mâchoire tressaute. Incapable de trouver une échappatoire, il admet, vaincu :

— Oui.

Un point est marqué. J'ai envie d'applaudir de joie.

Le témoin suivant, Andy Wallington, en rajoute une couche dans la sanctification loyale. C'est ton meilleur ami. Contrairement à Joshua, il vit dans les environs, à Bolton, de sorte que vous entretenez une relation plus régulière.

— Il était très heureux, déclare Andy. Lizzie et Florence, c'était tout ce qui comptait pour lui.

Andy est père, lui aussi. Son fils a une année de moins que Florence, et il a également une fille, sans doute âgée d'un an maintenant.

— Vous sortiez souvent ensemble, vous assistiez parfois à des matchs de football, dit Me Dixon.

— Oui.

— City ou United ?

Les gens rient ; la rivalité entre clubs est une caractéristique fondamentale de la ville de Manchester.

— United, répond Andy.

Ce qui lui vaut des murmures d'approbation tout comme des grognements, émanant du camp adverse.

— Avez-vous déjà vu M. Tennyson faire preuve de violence ? questionne Me Dixon.

— Jamais.

— Peut-être quand il avait trop bu ?

— Il tenait bien l'alcool, et puis il n'était pas idiot.

— Vous ne l'avez jamais vu se bagarrer ?

— Je l'ai vu une fois intervenir pour mettre fin à une rixe.

— Racontez-nous.

— C'était après une soirée en ville. Nous attendions un taxi, et un groupe est sorti d'une boîte de nuit toute proche. Soudain, l'un d'entre eux s'est écroulé par terre, et les autres l'ont roué de coups de pied. Jack s'est interposé, les a repoussés et a menacé d'appeler la police. Ça leur a fait peur.

— Vous a-t-il expliqué pourquoi il était intervenu ? demande Me Dixon.

— Oui. Je lui ai dit qu'il était dingue, qu'ils auraient pu s'en prendre à lui, mais il m'a répondu qu'il ne pouvait supporter de voir une personne se faire frapper.

— Et qu'avez-vous pensé quand vous avez appris que M. Tennyson était accusé du meurtre de son épouse ?

— Qu'il y avait forcément une erreur. Jack n'aurait jamais fait une chose pareille, pour rien au monde.

Me Cromer n'a pas de question à lui poser. Cela m'inquiète.

Le troisième témoin est la réceptionniste du club de sport, une jeune femme aux cheveux roux et à l'accent cockney.

— Vous connaissiez M. Tennyson ? s'enquiert Me Dixon.

— Oui, c'est un client assidu. Je les connaissais, lui et sa femme, déclare la réceptionniste.

— Comment vous a-t-il paru, ce samedi soir ?

— Comme d'habitude.

— Il n'était pas préoccupé ni anxieux ?

— Non.

— Merci.

Me Dixon retourne s'asseoir.

Quand Me Cromer se lève, il met un certain temps à ajuster ses lunettes, puis demande :

— Combien de temps faut-il à un membre pour signer le registre ?

— Pas longtemps, dit la réceptionniste.

— Quelques secondes ?

— Oui.

— Donc l'impression que M. Tennyson vous a faite a été fugace ?

— Je suppose, répond-elle.

— M. Tennyson s'est-il attardé pour discuter ?

— Non.

— Lui avez-vous parlé ? poursuit Me Cromer.

— Je ne crois pas.

— Était-il essoufflé ?

— Je n'ai pas remarqué.

— Mais ce n'est pas exclu ? insiste Me Cromer.

— Non.

— Est-il exact de dire que vous vous rappelez peu de choses le concernant, en fait ?

Elle hésite ; elle connaissait son discours avant – rien d'inhabituel –, mais elle ne sait pas trop comment répondre à une question plus pointue.

— Oui, finit-elle par acquiescer.

— Il aurait très bien pu être hors d'haleine, inquiet ou à cran, vous ne l'auriez pas remarqué en deux ou trois secondes, n'est-ce pas ?

— Non, admet-elle.

Et elle roule des yeux, comme si elle était irritée de la façon dont son passage à la barre se déroule.

Je t'imagine à la réception, signant le registre : à quoi pensais-tu alors ? Ton cœur battait-il trop vite ? Ou es-tu capable de te maîtriser grâce à ton métier ? Peux-tu contrôler les manifestations du stress comme la sueur, les tremblements, l'agitation nerveuse ? Jusqu'à quel point es-tu un bon acteur ?

Le juge lève l'audience plus tôt. Comme tu seras la prochaine personne appelée à la barre, il préfère ajourner au lieu d'interrompre ton témoignage.

Ruth

CHAPITRE 7

17 Brinks Avenue
Manchester
M19 6FX

La salle d'audience est plus bondée, le jour de ton passage à la barre. L'atmosphère plus électrique, tendue.

Tu portes les mêmes costume et cravate, ainsi qu'une chemise blanche fraîchement lavée. Rasé de près, très soigné, tu as l'air si normal. Pas la moindre trace de privations liées à la prison. Pas un excès d'assurance non plus : l'accablement se devine dans ton attitude. C'est probablement le chagrin, mais je refuse de m'attarder là-dessus, de t'accorder ma pitié. C'est trop amer. Et puis je pense que si ta peine était aussi réelle que la mienne, aussi sauvage, tu ne jouerais pas cette triste comédie.

Tes premières réponses sont basiques, ta voix plus douce que dans mon souvenir, mais elle se détache clairement. Tu évoques ta rencontre avec Lizzie.

— Le courant est tout de suite passé, entre nous. Je l'ai invitée à dîner.

— Vous étiez célibataire, à l'époque ? demande Me Dixon.

— Non. (Un très bref sourire illumine ton visage. Tu es honnête.) Je sortais avec une autre personne, mais cette relation ne nous menait nulle part. J'y ai mis un terme et j'ai emménagé avec Lizzie.

— Et comment décririez-vous votre mariage ?

Tu commences à répondre, puis tu t'arrêtes, pinces les lèvres et lèves les yeux au plafond, luttant visiblement pour garder une contenance. Je perçois la compassion que tu inspires dans le souffle des gens qui m'entourent, le regard des jurés.

Mon cœur demeure de marbre.

— Très heureux, merveilleusement heureux, dis-tu.

— Est-il vrai que vous étiez sous pression en raison du manque de travail et, par conséquent, d'un revenu moindre ?

— Oui, c'est exact. Mais le fait de vivre avec Lizzie, d'avoir Florence rendait la situation supportable. Et nous nous en sortions.

— Mme Tennyson travaillait à plein-temps ? demande Me Dixon.

— Tout à fait.

— Vous n'étiez pas contrarié par le fait que c'était elle qui subvenait aux besoins du ménage ?

— Non. Lizzie comprenait mon travail, elle aussi exerçait dans ce domaine. Nous savions que l'abondance pouvait alterner avec des périodes de vaches maigres. Et j'étais heureux d'être un homme au foyer.

— Saviez-vous que votre femme était enceinte ? s'enquiert Me Dixon.

— Non, affirmes-tu d'un ton posé.

— Aviez-vous évoqué la possibilité d'avoir d'autres enfants ?

— Oui, et nous le souhaitions tous les deux, dis-tu.

— Même avec un seul salaire ?

— Ce n'est jamais le bon moment.

C'est une bonne réponse, mais tu esquives la question.

— Monsieur Tennyson, vous avez entendu Mlle Thornton décrire l'incident de 2005, quand votre femme a déclaré que vous aviez été physiquement violent avec elle. Qu'avez-vous à en dire ? Y a-t-il une once de vérité, dans ce récit ?

— Pas la moindre.

— Pourquoi votre femme a-t-elle prétendu cela ? demande Me Dixon.

— Je n'en ai aucune idée. Cela ne ressemble pas du tout à Lizzie. Elle était toujours très directe, très honnête. Peut-être Rebecca a-t-elle mal compris. C'est tout ce que je peux en déduire.

— Et pour le second incident, l'année dernière, quand Mlle Thornton est venue chez vous et a cru que Mme Tennyson souffrait physiquement ?

— Elle a mal interprété la situation. Lizzie avait été malade toute la nuit, et tout son corps était endolori. La dernière chose dont on a besoin dans un tel cas, c'est qu'un enfant vous saute sur les genoux.

— Monsieur Tennyson, vous est-il arrivé de frapper votre femme ?

Ton visage s'assombrit, et tes yeux brillent alors d'un pur chagrin.

— Non.

Tu t'éclaircis la voix et répètes :

— Non, jamais.

— Monsieur Tennyson, je veux que vous repreniez les événements du 12 septembre dans l'ordre où ils se sont déroulés. Comment s'est passée la journée ?

— Nous avons fait du shopping le matin, tous les trois. Dans l'après-midi, Lizzie est allée chez le coiffeur, et moi, j'ai emmené Florence à Wythenshawe Park, à la ferme, et à l'aire de jeux. Après, Lizzie a préparé le repas et mis Florence au lit. Nous avons regardé quelque chose à la télé, puis je suis allé à la salle de sport.

— Un samedi soir ? demande Me Dixon.

— C'est un bon moment pour s'y rendre, il n'y a pas beaucoup de monde, expliques-tu.

— À quelle heure y êtes-vous arrivé ?

— Aux alentours de 21 heures. J'ai fait mes exercices habituels, j'ai nagé, pris une douche, puis je suis rentré. En chemin, j'ai acheté du lait, car Lizzie m'avait envoyé un message.

— Quand l'avez-vous reçu ?

— Je ne l'ai lu qu'en arrivant à la salle de sport, au moment où j'ai éteint mon téléphone, dis-tu.

— Merci. Vous arrivez donc à la maison. Racontez-nous ce qui se passe alors.

— Oui. Euh... (Tu fronces les sourcils et déglutis.) Lizzie était étendue sur le sol, et il y avait beaucoup de sang.

Je ferme les yeux, l'image est gravée dans mon esprit.

— J'étais incapable de penser, je ne savais pas quoi... Elle ne bougeait plus. J'ai tenté de la ranimer. Je ne crois pas qu'elle respirait. J'ignorais s'il y avait quelqu'un dans la maison. Et Florence...

Ta voix s'amenuise dangereusement, prête à se briser.

— J'ai monté l'escalier. Florence dormait. Il n'y avait personne. Mes mains étaient... J'avais du sang sur les paumes, je ne voulais pas la prendre dans mes bras...

Tu t'écroules, poing sur le front, yeux fermés.

— Désolé, t'excuses-tu, désolé...

Quel morceau de bravoure ! À côté de moi, Bea en a les larmes aux yeux.

Tu renifles bruyamment. Tu te ressaisis.

— Je me suis lavé les mains, puis j'ai pris Florence et l'ai tenue dans mes bras de sorte qu'elle ne voie rien en sortant de la maison.

Tu perds le contrôle de ta respiration. Tes phrases sont saccadées, émaillées d'à-coups et de trébuchements. Ta voix est âpre, chargée d'émotion.

— J'ai appelé la police. Puis Ruth. Je ne savais pas... Je ne savais pas quoi faire d'autre. Je n'avais pas...

Tu mets une main devant tes yeux, et tes épaules tressautent. Tu répètes que tu es navré.

— Menteur, dis-je entre mes dents.

Des têtes se retournent. Le juge regarde l'auditoire ; il sait que quelqu'un a émis un commentaire. Ce n'est pas très digne de ma part, sans doute. Mais il m'est désormais difficile de me préoccuper de cela. Je me fous pas mal de la dignité.

Je sais ce que tu as fait.

Tony pose la main sur mon bras. Je me contiens, maîtrise l'envie de ridiculiser, de décrier et de gâcher ton numéro. D'applaudir avec lenteur. De te chahuter. De te huer du dernier balcon. Car je ne veux pas qu'on m'expulse de la salle, je refuse de manquer le dernier acte. Le grand final.

— Monsieur Tennyson, avez-vous besoin de faire une pause ? s'enquiert gentiment Me Dixon.

— Non, réponds-tu.

Il y a des mouchoirs en papier, à la barre des témoins. Tu t'essuies les yeux. Tu avales une gorgée d'eau.

— Expliquez à la cour comment vous vous y êtes pris pour tenter de ranimer la défunte, s'il vous plaît.

— Je l'ai appelée par son prénom, puis je me suis penché et je lui ai secoué l'épaule.

— Quelle épaule ? questionne Me Dixon.

— La droite.

— Mme Tennyson était face au sol ?

— Oui.

— Parallèle au poêle ?

— Oui.

— Avez-vous remarqué le tisonnier ?

— Non, dis-tu d'un ton faible.

— Vous n'avez pas touché au tisonnier ?

— Non, je ne l'ai pas vu. S'il était là, je ne m'en souviens plus. Tout ce que je me rappelle, c'est Lizzie, et le choc énorme que j'ai ressenti.

— De quelle main lui avez-vous touché l'épaule ? s'enquiert Me Dixon.

— Des deux.

J'essaie de me représenter la scène. Puis je me remémore que c'est du baratin. La version que tu as accommodée aux preuves pour te dédouaner.

— Que portiez-vous ? demande Me Dixon.

— Un pull, un survêtement, des baskets.

— Les effets que la police a récupérés plus tard ce soir-là ?

— Oui, dis-tu.

— Les chaussures Adidas que vous aviez achetées cinq semaines plus tôt s'y trouvaient-elles ?

— Je ne les avais plus, affirmes-tu.

— Où étaient-elles ?

— Dans la poubelle de recyclage du magasin.

— Pourquoi ?

— Elles étaient trop petites et me faisaient mal aux pieds, mais je ne pouvais pas les rendre, car je les avais déjà portées.

— C'est plutôt extravagant de dépenser quatre-vingt-dix livres dans une paire de chaussures, puis de s'en débarrasser, non ? fait remarquer Me Dixon.

— Oui, c'était un achat peu avisé, je pensais qu'elles finiraient par s'agrandir un peu, mais ça n'a pas été le cas.

Je constate que ton avocate est en train de couvrir les parties délicates de ton témoignage en en désamorçant l'impact avant que l'accusation ne procède au contre-interrogatoire.

— Pouvez-vous nous expliquer la présence des matériaux retrouvés dans les cendres du poêle à bois ?

— Non, mais Lizzie s'en servait souvent pour brûler des choses dont elle ne voulait plus. Elle estimait que c'était mieux que d'enfouir les déchets.

J'écarquille les yeux face à ton audace. Impliquer Lizzie, ça alors !

— Et quand la police vous a interrogé, qu'avez-vous répondu ?

— Ce que je viens de vous dire.

— Le dossier fait état d'écorchures sur vos avant-bras et de particules de votre peau sous les ongles de la défunte. Pouvez-vous également nous expliquer leur présence ?

— Oui. Lizzie a trébuché lorsque nous faisions du shopping, et s'est rattrapée à moi pour garder l'équilibre.

— Lors de votre sortie du matin ?

— Oui.

— Merci.

Me Dixon reprend son souffle, redresse les épaules et poursuit :

— La police vous a-t-elle demandé si vous connaissiez quelqu'un qui aurait pu vouloir du mal à votre épouse ?

— Oui, et je leur ai signalé Broderick Litton. Nous pensions que cette affaire était close, puisqu'il n'y avait pas eu d'incident depuis un an...

Elle l'interrompt de la main.

— Monsieur Tennyson, expliquez-nous, s'il vous plaît, qui est Broderick Litton.

— Un homme qui traquait Lizzie.

— Quand cela a-t-il débuté ?

— Il l'avait vue interpréter une pièce en langue des signes à l'*Octagon*, en 2006, pour la représentation de Noël. Il a commencé ses agissements en se faisant passer pour un fan. Mais c'était tout de même un peu curieux de suivre une interprète en langue des signes.

— Quelle forme cela prenait-il ? questionne Me Dixon.

— Il se rendait à tous les spectacles qu'elle interprétait, lui envoyait des fleurs. Puis il l'a invitée à dîner. Elle a décliné, et il s'est mis à lui écrire à l'adresse des théâtres où elle travaillait. De longues lettres sans queue ni tête.

— Que disaient ces lettres ?

— Qu'elle comptait énormément pour lui. Qu'elle aurait dû me quitter.

— Combien de temps cela a-t-il duré ? interroge Me Dixon.

— Six mois environ, puis il est venu à notre domicile, dis-tu. Il avait fini par découvrir où elle vivait.

— Quand était-ce ?

— Au mois de mars 2008.

— Que s'est-il passé à ce moment-là ?

— Je n'étais pas à la maison, ce jour-là. Lizzie a ouvert la porte et, quand elle a vu qui c'était, elle l'a immédiatement refermée. Elle m'a appelé, elle était bouleversée.

— Et après cela ?

— Des lettres sont encore parvenues.

— Et que disaient-elles ? demande Me Dixon.

— La même chose qu'avant, mais avec des menaces en plus.

— Vous êtes allés voir la police ?

— Oui. Les agents nous ont recommandé de discuter avec lui. Ils ne pouvaient rien faire, car aucun délit n'avait été commis.

— Le harcèlement a-t-il continué ? s'enquiert Me Dixon.

— Il y a eu encore deux ou trois lettres. Furieuses. Perturbantes.

— Qui disaient ?

— Qu'elle allait regretter de l'avoir dénoncé à la police, qu'elle s'en mordrait les doigts. Qu'il le lui ferait payer.

— Mme Tennyson a-t-elle gardé ces lettres ?

— Elle les a remises à la police.

— Quand la dernière a-t-elle été envoyée ?

— Il y a un an environ. En juillet. Peu après son anniversaire. Nous pensions qu'il était parti, précises-tu.

Tes yeux scintillent, brillants, meurtris.

— Dans la semaine qui a précédé la mort de Mme Tennyson, le mercredi, il y a eu un incident à votre domicile ?

— Oui. Lizzie avait vu un rôdeur dans le jardin.

— A-t-elle appelé la police ? interroge Me Dixon.

— Oui. Ils sont venus. Il y avait eu un cambriolage à deux maisons de la nôtre, la nuit précédente. Ils ne savaient pas s'il s'agissait de la même personne.

— Mme Tennyson a-t-elle pensé que ce pouvait être Broderick Litton ?

— Non, elle avait aperçu l'intrus, quand il avait tourné à l'angle. Elle n'avait pas bien vu son visage, mais il n'était pas aussi grand que Broderick Litton.

— Monsieur Tennyson, vous avez prêté serment aujourd'hui, vous comprenez la portée de votre acte ? demande Me Dixon.

— Oui, bien sûr.

— Et vous jurez donc devant la cour que vous êtes innocent des charges qui pèsent contre vous ?

— Oui. Lizzie me manque chaque minute de chaque jour. Je veux rétablir ma réputation.

Les larmes coulent sur tes joues sans que tu cherches à les retenir. Tu poursuis :

— Afin de pouvoir rentrer à la maison et m'occuper de ma petite fille, et que la police trouve qui a commis ce crime affreux.

— Avec votre permission, votre Honneur, j'aimerais que M. Tennyson montre au jury, à l'aide d'un mannequin, comment il s'y est pris pour soulever sa femme.

Me Dixon bondit sur ses pieds.

— Objection, votre Honneur, la mise en scène n'a pas sa place ici.

— Est-ce en rapport avec une preuve ? demande le juge à Me Cromer.

— Oui, votre Honneur, en rapport direct avec une preuve médico-légale.

— Objection rejetée.

On apporte un mannequin. Sans visage, comme Lizzie l'était quand tu en as eu fini avec elle. Un murmure s'élève pendant qu'un des huissiers l'installe par terre. D'autres tapissent le sol de ruban adhésif blanc en fonction d'un schéma que leur remet Me Cromer. Il explique alors au jury :

— Le ruban adhésif correspond au mobilier de la pièce : le canapé ici, et le support de la télévision, formant un angle droit avec un espace au milieu. Ils sont disposés exactement comme on les a retrouvés ce soir-là, ainsi que le mannequin représentant la victime.

Je me demande où ils ont déniché ce mannequin. Existe-t-il une usine dans le coin qui en fabrique exprès pour ce genre de démonstration ? Les utilise-t-on à l'hôpital ou dans des laboratoires de recherche ? Lisse, asexué, membres flexibles, avec le bras gauche étendu près du poêle, et le droit replié, car cassé.

Me Cromer te prie de venir près du ruban adhésif qui figure la porte d'entrée.

— Maintenant, monsieur Tennyson, montrez-nous, s'il vous plaît, comment vous vous êtes approché et avez touché le corps de votre femme.

Cela te rappelle-t-il tes répétitions ? Lorsque tu abordes une scène ? Avais-tu anticipé le fait que tu devrais jouer celle-ci ?

Tu avances de deux pas pour arriver à la hauteur de Lizzie et tu ne t'agenouilles pas, tu t'accroupis. Puis tu tends les deux mains. Ça a l'air étrange. Une seule main, la gauche, la plus proche, ç'aurait été plus logique.

— Vous étiez aussi près d'elle ? questionne Me Cromer.

— Il me semble, oui.

— Monsieur Tennyson, pouvez-vous recommencer ? Mais, cette fois, demeurez aussi loin que possible tout en faisant en sorte de toucher l'épaule droite du mannequin.

Tu hoches la tête et reviens sur tes pas. Cette fois, quand tu t'accroupis, tu peux tout juste atteindre le mannequin ; le bout de tes doigts effleure le plastique mou. Une personne moins agile aurait perdu l'équilibre. Me Cromer demande à un huissier de délimiter les marques de tes pieds. Celui-ci trace à la craie des traits au niveau de tes orteils et de tes talons. Puis on t'invite à revenir à la barre des témoins.

Me Cromer sort alors un grand tapis en plastique translucide, épais, flexible, tel un tapis de souris géant aux angles arrondis. Un ovale est dessiné dans l'un d'eux ; l'huissier soulève le mannequin et le positionne de sorte que l'ovale corresponde au contour de la tête. Autour de celle-ci et du buste, le reste a l'aspect d'une flaque.

— Cela représente la mare de sang sur la scène du crime, déclare Me Cromer. Les jurés voudront bien noter que les marques devant les chaussures de M. Tennyson se situent à l'intérieur de la flaque, à quelques centimètres du rebord. Si M. Tennyson s'est accroupi ici, comme il vient juste de le montrer, ses deux chaussures auraient dû être maculées de sang. Or, celles remises à la police n'en portaient pas la moindre trace. Monsieur Tennyson, pouvez-vous nous expliquer comment cela est possible ?

— J'étais sans doute un peu plus loin et je me suis donc penché en avant, dis-tu.

J'entends un frisson dans ta voix saturée d'anxiété.

— Mais si vous aviez été plus loin, vous n'auriez pas pu la toucher, n'est-ce pas ? reprend Me Cromer. Je crois que c'est évident pour tout le monde. Pourquoi avoir utilisé vos deux mains ?

La question est brève, et malgré son accent du Devon, les paroles de Me Cromer sonnent de façon cinglante.

— Je ne sais pas, c'était instinctif.

— Selon moi, il aurait été plus simple de vous servir d'une seule main, la gauche, mais vous aviez besoin d'une explication pour justifier les empreintes de sang laissées par votre main droite dans l'escalier et sur la porte de la salle de bains. Donc vous avez inventé ce geste à deux mains. N'est-ce pas le cas ?

— Non, je me suis servi de mes deux mains, affirmes-tu.

— Et vous les avez lavées à l'étage ?

— Oui.

— Dans le lavabo ?

— Oui.

— Mais alors, comment se fait-il qu'il y avait des gouttes de sang dilué dans la cabine de douche ?

— Lizzie a dû se doucher quand j'étais sorti, dis-tu.

— Et pourtant, sa charlotte était sèche ? Or, comme elle était allée chez le coiffeur ce jour-là, elle n'avait pas besoin de se relaver les cheveux, n'est-ce pas ?

Sa belle chevelure, si brillante.

— Non.

— Je vous repose la question, monsieur Tennyson : avez-vous pris une douche ce soir-là ?

Me Cromer arpente lentement la salle d'audience, comme un prédateur encerclant sa proie, marquant une pause après chaque question.

— Non.

— D'où vient alors le sang trouvé dans la douche ? s'enquiert Me Cromer.

— Je l'ignore.

— Vous l'ignorez. Frappiez-vous votre femme ?

— Non, dis-tu.

— L'avez-vous frappée ce soir-là ?

— Non, répètes-tu.

— Jamais ?

— Non.

— Mme Tennyson a pourtant confié à son amie Rebecca que vous l'aviez frappée. Comment expliquez-vous cela ? demande Me Cromer.

— Je ne me l'explique pas.

— Pensez-vous qu'elle ait menti à la cour ?

— Eh bien... ce n'est pas vrai, dis-tu.

— Pourquoi Rebecca mentirait-elle ?

— Je ne sais pas.

— Ou alors pensez-vous que votre femme ait menti quand elle a raconté cela à son amie ?

— Je ne sais pas, réponds-tu.

— Mme Tennyson était enceinte la première fois qu'elle lui a dit que vous l'aviez frappée. Elle était encore enceinte en septembre dernier. Vous êtes-vous querellés à ce sujet ? La dispute a-t-elle dégénéré ?

— Il n'y a pas eu de dispute.

— Vous n'étiez pas furieux ? Alors que vous arriviez tout juste à joindre les deux bouts avec un seul salaire, voilà que surgit la perspective d'autres enfants. Sa vie professionnelle interrompue, les coûts supplémentaires que cela aurait engendrés, insiste Me Cromer.

— Je ne savais pas qu'elle était enceinte, affirmes-tu.

— Selon le médecin légiste, votre épouse était enceinte de sept semaines. Pour quelle raison vous l'aurait-elle caché ?

— Je ne sais pas. Peut-être l'ignorait-elle elle-même.

Il n'y a aucune colère dans ta voix, ce qui est une bonne tactique. Nul doute que ton avocate t'a conseillé de demeurer poli et calme en toutes circonstances, de crainte qu'on ne voie ton côté sombre.

— Vous avez déclaré avoir quitté la maison à 20 h 30 ?

— Exact.

— Et vous êtes arrivé à la salle de sport à 21 heures ? demande Me Cromer.

— Oui.

— Quand avez-vous pris connaissance du texto de votre femme ?

— En arrivant à la salle de sport, au moment où j'allais éteindre mon portable.

— Quand vous l'avez découvert, l'aviez-vous déjà reçu, mais pas encore lu ?

— Oui, en effet, confirmes-tu.

— L'enquête a révélé qu'il avait été envoyé à 20 h 40. Dix minutes après votre départ supposé de la maison, donc. Combien de temps vous faut-il pour vous rendre à la salle de sport ?

— Une demi-heure environ, dis-tu.

— Vous n'y allez pas en voiture ?
— Pas pour cette distance, non.
— Vous êtes certain d'être parti à 20 h 30 de chez vous ?
— Oui, acquiesces-tu.
— Comment pouvez-vous en être aussi sûr ?
— *Casualty* avait commencé depuis quinze minutes. Lizzie aimait bien regarder cette émission.
Vraiment ? Je me débats avec mes souvenirs.
Tu ajoutes :
— Je pensais la regarder jusqu'au bout, mais j'ai finalement préféré aller faire du sport.
— Pourquoi ?
— C'est un bon horaire. C'est calme à cette heure-ci.
— Comment le savez-vous ? questionne Me Cromer en fronçant les sourcils, tête inclinée d'un côté.
— Pardon ?
— Comment pouviez-vous savoir que c'est plus calme à cette heure-ci ? demande-t-il avec lenteur.
Et je pressens qu'une attaque significative va venir. Me Cromer avec sa corpulence, son accent traînant, sa gestuelle répétitive et majestueuse peut sembler peu subtil, mais il est intelligent et a l'esprit vif.
— Parce que le samedi soir les gens sont occupés, ils sortent, dînent avec des amis.
— Donc vous en avez déduit que ce serait plus calme pour cette raison ? renchérit Me Cromer.
— Oui.
Tu as l'air légèrement intrigué.
— Parce que, avant ce fameux jour, vous ne vous étiez jamais rendu à la salle de sport un samedi soir, n'est-ce pas ?
Tu sèches. L'espace d'un instant jouissif. J'ignore à quoi tu t'attendais, mais pas à ça en tout cas.
— Je ne sais plus, dis-tu.
— Le système de cartes magnétiques enregistre la présence des membres. Vous n'êtes jamais allé à la salle de sport un samedi après

17 heures. De fait, l'heure la plus tardive à laquelle vous vous y êtes rendu en presque trois ans d'adhésion, c'est à 19 heures, en semaine. Pouvez-vous nous expliquer pourquoi vous avez si radicalement changé vos habitudes, ce soir-là ?

— J'avais envie de faire de l'exercice, affirmes-tu.

— Je dirais plutôt que vous vous êtes créé un alibi, n'est-ce pas là la vérité ? suggère Me Cromer.

— Non, répliques-tu en pâlissant, visage tendu.

— Si. Je suis d'avis que votre femme était déjà morte quand vous avez quitté la maison. Est-ce le cas ?

— Non.

— Je dirais également qu'avant de partir vous avez utilisé son portable pour vous envoyer un texto à vous-même et un autre à votre belle-mère, Ruth Sutton, afin de faire croire que la victime était encore en vie à 20 h 40. Puis vous avez effacé vos empreintes du téléphone. N'est-ce pas ainsi que cela s'est passé ?

— Non, répètes-tu avec fermeté.

— Je suis aussi d'avis que vous êtes sorti de la maison à 20 h 40, après l'envoi de ces deux textos, et non à 20 h 30. Que vous avez ensuite exagéré devant la cour le temps qu'il vous a fallu pour vous rendre à la salle de sport. Qu'avez-vous à répondre à ça ?

— Ce n'est pas vrai.

— Vous avez donc fait vos entraînements habituels, puis vous avez nagé, pris une douche et êtes revenu à la maison. Vous avez acheté du lait sur le chemin du retour, puis prétendument découvert votre femme. Est-ce cela, la vérité ?

— Non.

Tu ne cesses de secouer la tête. Tu agrippes la barre des témoins.

— Tout ça est faux, ajoutes-tu.

— Où avez-vous mis vos vêtements pour vous en débarrasser, monsieur Tennyson ?

— Nulle part. Il n'y avait pas d'autres vêtements, dis-tu.

— Pourquoi vous a-t-il fallu trente minutes pour effectuer un trajet qui en nécessite quinze ?

— Je mets toujours ce temps, pas quinze minutes.

— Selon nos calculs, s'il vous a fallu une demi-heure pour couvrir cette distance, vous avez marché à environ 1,5 kilomètre-heure, donc à une vitesse d'escargot. Vous pensez que les membres du jury vont vous croire ?

— C'est le temps que ça prend, répètes-tu.

— Tout cela n'est qu'un tissu de mensonges, non ? Vous aviez déjà agressé votre femme, et vous avez recommencé le 12 septembre. Avec des conséquences fatales. Vous lui avez ôté la vie, puis vous avez menti à ce sujet : à la police, aux parents de Mme Tennyson, à ses amies. Vous avez menti, menti encore et nié votre culpabilité. Tout ça n'est qu'un tissu de mensonges, exact ?

— Non.

Ta bouche est crispée, tes lèvres blanches.

— Votre récit est rempli d'incohérences. Vous n'avez pas essayé de relever votre femme. Si vous l'aviez fait, vos baskets, celles que vous avez remises à la police, auraient été trempées de sang. La vérité, c'est que votre femme était morte, et vous avez bien vu qu'il n'y avait pas d'espoir. Vous avez passé votre temps à mettre de l'ordre. Vous avez laissé votre fille toute seule dans la maison, avec sa mère morte gisant au rez-de-chaussée, et vous vous êtes rendu à la salle de sport. Ne pensez-vous donc à personne d'autre que vous ?

— Ça ne s'est pas passé ainsi.

— Parce que ça ne correspond pas à votre version des faits ? Une fable inventée de toutes pièces ?

— Parce que je ne l'ai pas frappée. (Ta voix tremble.) Ce n'est pas à cause de ça que j'avais des écorchures. Cela s'est produit quand nous sommes allés faire du shopping et qu'elle a trébuché.

— Vous rappelez-vous ce que vous portiez lors de cette séance de lèche-vitrines ? demande Me Cromer.

— Ma veste grise, dis-tu.

— Elle a des manches longues, c'est exact ?

— Oui.

— Pouvez-vous expliquer aux jurés comment votre épouse a pu, en s'agrippant à votre bras, vous égratigner la peau si la manche de votre veste le recouvrait ?

— J'avais relevé mes manches, car j'avais chaud.

Une explication franchement insuffisante.

— Mesdames et messieurs les jurés, je vais vous montrer à présent plusieurs images extraites de l'enregistrement de la caméra de vidéosurveillance de l'Asda, où l'on peut voir M. et Mme Tennyson, le jour de la mort de cette dernière. Vous noterez que M. Tennyson porte une veste gris anthracite dont les manches ne sont pas relevées.

Des images pixellisées de toi, Florence et Lizzie emplissent mon champ de vision. Je suis prise au dépourvu par l'impression d'horreur qui me saisit. Une douleur m'étreint au niveau du sternum.

— Pouvez-vous nous expliquer pourquoi on ne la voit pas trébucher ? demande Me Cromer.

Une fraction de seconde s'écoule, puis tu dis :

— Cela s'est produit à la maison, quand nous déchargions la voiture.

Je n'avais pas remarqué ces égratignures. Tu as dû les cacher avec soin. Cela faisait partie de tes manœuvres de dissimulation.

— Après que vous avez déchargé vos achats, Lizzie est allée chez le coiffeur, puis est revenue à la maison où elle a préparé le dîner. C'est ce que vous avez déclaré ?

Me Cromer te lance un regard dubitatif.

— Oui.

— Avait-elle une bonne hygiène ? Pour l'entretien de la maison, la cuisine ?

— Oui, acquiesces-tu.

— Elle se serait forcément lavé les mains avant de préparer le repas ?

— Oui.

— Vous avez aussi affirmé que Mme Tennyson a dû prendre une douche quand vous étiez à la salle de sport, et pourtant vous nous demandez de croire que de la peau est restée sous ses ongles pendant toutes ces longues heures ?

— Ce doit être le cas.

On entend une supplication dans tes propos, comme si tu nous implorais d'accepter ta version, mais tes réponses ne sont pas satisfaisantes.

Nul doute que cela ne convaincra pas le jury. Ta chair sous ses ongles. Je pense à ses mains, qui projetaient des formes, racontaient des histoires, transmettaient des idées. Et maintenant, après sa mort, elle nous parle encore en langue des signes, nous communiquant la vérité.

Coupable.

— Je suis d'avis que non, reprend Me Cromer. Il existe une explication bien plus simple, monsieur Tennyson. Quand vous avez commencé à frapper votre femme, elle vous a saisi les bras pour tenter de vous arrêter. C'est ainsi que vous avez été égratigné. Que votre peau s'est retrouvée coincée sous ses ongles.

— Non, dis-tu. Non.

Tu déglutis.

Tout est si clair pour moi. Mais les jurés perçoivent-ils la situation ainsi, comme moi je la vois ? Les coups pleuvent, et Lizzie est contrainte de se mettre à genoux, tu la frappes à la tête, plusieurs fois. Elle tombe sur le front. Tu continues à la cogner, il y a du sang sur ton visage, tes habits, les murs, partout. Tu te déplaces, marches dedans du pied droit.

Elle est morte.

Épuisé, excité, affolé, tu aperçois l'empreinte que tu viens de laisser avec ta chaussure. Alors tu enlèves tes baskets, les jettes dans le poêle. Tu prends une lingette pour bébé, nettoies le tisonnier, puis ôtes tes habits, en fais un tas. Tu montes à l'étage, te douches, t'habilles. Et tu entres dans ton personnage, répètes ton texte, tes mouvements. Le rôle de ta vie.

Ruth

CHAPITRE 8

17 Brinks Avenue
Manchester
M19 6FX

Florence n'a pas mangé quand je vais la chercher chez April.

— Elle n'a rien voulu avaler. Nous lui avons proposé des pâtes, mais elle a refusé. J'ai ensuite essayé avec du poulet et du riz, mais sans succès.

À la maison, elle se plaint car elle a faim, je lui prépare donc des haricots ainsi que des toasts coupés en triangle que je dispose tout autour de l'assiette, avant de verser les haricots au milieu. C'est alors qu'elle pique une crise, pousse un cri si fort que je crains un instant qu'elle ne se soit blessée. Elle hurle que le jus des haricots a touché les toasts. Ce sacrilège signifie qu'elle ne mangera pas les toasts, donc je les jette à la poubelle.

En sanglots, elle fait tourner les haricots dans son assiette jusqu'à ce qu'ils refroidissent.

Mon sang se fige quand je t'imagine quitter la maison pour forger ton alibi. Tu étais un bon père. Du moins, je le pensais. Et si Florence s'était réveillée et avait découvert sa mère baignant dans une mare de sang ? Il m'est intolérable de me représenter cette scène.

Il n'y a plus de témoignages à venir, juste les plaidoiries finales. C'est Me Cromer qui commence.

— Le 12 septembre 2009, Lizzie Tennyson a été battue à mort dans son salon. Un crime choquant. L'homme sur le banc des accusés, Jack Tennyson, est accusé de ce crime. Il s'est évertué à dissimuler ses actes, mais il a commis des erreurs, et son récit des événements de la soirée ne résiste pas à une analyse minutieuse. Que nous disent les preuves ?

» Que Jack Tennyson avait des antécédents de violence envers son épouse. Un secret bien gardé, mais connu de Rebecca Thornton, la plus proche amie de Lizzie Tennyson. Comme la majorité des femmes victimes de violences domestiques, Mme Tennyson ne souhaitait pas ou ne pouvait pas demander de l'aide, ni dévoiler ses souffrances et ce qui se passait vraiment dans son couple. Nous ignorons la fréquence de ces violences, mais ce soir-là, M. Tennyson a de nouveau agressé sa femme. Lizzie Tennyson a tenté de se protéger, s'est débattue, a saisi son mari par les bras, d'où les égratignures de celui-ci et les cellules de peau lui appartenant, retrouvées sous ses ongles.

» Les coups ont continué à pleuvoir, plus de douze, lui cassant le bras, l'orbite, l'épaule, lui fracassant le crâne, entraînant sa mort. Lizzie Tennyson est tombée sur le front près du poêle du salon. Elle a perdu énormément de sang, comme nous l'avons entendu dans les rapports de la scène du crime. Qu'a alors fait Jack Tennyson ? A-t-il regretté son acte, appelé les secours ? Comprenant avec horreur qu'il avait tué la femme qu'il aimait, a-t-il admis sa culpabilité ?

Me Cromer marque une pause pour accentuer son effet dramatique, regarde le jury par-dessus ses lunettes.

— Non. Il a tout mis en œuvre pour sauver sa peau. Il avait besoin de faire disparaître les chaussures de sport qu'il portait, l'une d'elles ayant laissé une empreinte de pas près du corps de la victime. Il a ôté ses baskets, les a jetées dans le fourneau. Il est allé chercher des lingettes pour bébé dans la cuisine pour effacer ses empreintes du tisonnier. Il a aussi pris soin de se débarrasser de ses habits éclaboussés de sang. Il a monté l'escalier, laissant une première empreinte digitale sur le mur, et une autre sur la porte de la salle de bains. Il s'est douché, laissant là encore des traces de sang dans la cabine de douche. Puis il a enfilé des vêtements propres et une paire de baskets Nike.

Me Cromer baisse le ton, ce qui confère une intimité horrible au reste de sa plaidoirie :

— Il fallait que Jack Tennyson se crée un alibi. Il s'est servi du téléphone de son épouse pour s'envoyer un texto et en adresser un autre à sa belle-mère, tentant ainsi de faire croire que la victime était encore en vie, et qu'à cette heure-ci il était déjà sorti de la maison. Il s'est ensuite rendu à la salle de sport, se débarrassant de ses habits ensanglantés quelque part en chemin. Il est resté une heure et demie à la salle de sport avant de rentrer chez lui, s'arrêtant pour acheter du lait à l'épicerie. Puis il a joué la comédie, fait comme s'il découvrait sa femme et alerté la police.

Me Cromer retire ses lunettes et incline la tête en avant pendant quelques instants ; je ne sais si c'est un geste calculé ou non, mais il donne l'impression que le poids de l'affaire vient de s'abattre sur lui. Il s'éclaircit la voix.

— Quand Jack Tennyson clame son innocence, il ment de manière éhontée. Ma chère collègue a décrit l'accusé comme un bon père de famille et un bon mari. Mais n'oubliez pas, mesdames et messieurs les jurés, qu'il est aussi un bon acteur. Entraîné et doué pour incarner un personnage, capable de déployer tous ses talents afin de soutenir une version fallacieuse des événements survenus durant cette soirée-là. Tout désigne Jack Tennyson. Il n'y a aucun suspect inconnu, pas d'autre ADN sur le corps de la victime. Lors d'une agression aussi brutale que celle-ci, tout assaillant laisse des indices sur la scène du crime : des cheveux, des empreintes digitales, de la salive. Et c'est bien le cas du meurtrier de Lizzie Tennyson : il a laissé une marque de pas sanglante, deux empreintes digitales, des traces de sang dans la douche, des fragments de peau sous les ongles de la victime. La famille de Lizzie Tennyson – sa fille, ses parents et ses amis – mérite que justice soit rendue. Il est en votre pouvoir de leur procurer cette maigre consolation. De faire en sorte que ce menteur, ce lâche, ce meurtrier soit placé derrière les barreaux. Prenez en compte tous les témoignages et déclarez-le coupable. Rendez-leur justice.

Me Dixon débute sa plaidoirie en rappelant au jury les conditions légales nécessaires à un procès.

— Lors de l'ouverture du procès, M. le Juge a souligné le fait que la charge de la preuve est de la responsabilité de l'accusation. Cette expression « charge de la preuve » est sagement choisie, car il s'agit effectivement d'une charge. L'accusation doit vous convaincre, vous les membres du jury, que Jack Tennyson est coupable sans que ne subsiste l'ombre d'un doute. Or, je suis d'avis que mon éminent collègue a lamentablement échoué dans cette mission. Il vous a présenté un salmigondis de prétendues preuves contre mon client dont la plupart ne peuvent résister à un examen approfondi. Je vais les passer en revue avec vous et vous démontrer toutes les questions qu'elles soulèvent.

Elle se détourne quelques instants du jury comme si elle rassemblait ses pensées, puis poursuit :

— Commençons par M. Tennyson lui-même, et notamment son caractère, tel que l'ont décrit les témoins à ce procès. À maintes reprises, on nous l'a dépeint comme un homme convenable, sympathique, responsable et, le plus important, comme un mari et un père aimant. Un homme qui s'occupait de sa petite fille et soutenait sa femme dans son choix de carrière. Même des témoins de l'accusation, Ruth Sutton et Rebecca Thornton, respectivement la mère et la meilleure amie de la défunte, étaient heureuses qu'elle épouse Jack Tennyson en qui elles voyaient, je cite, « un homme aimant » et « un bon père ».

» Interrogé sur sa relation avec Lizzie Tennyson, Jack Tennyson nous a assuré qu'il l'aimait, qu'il l'adorait, qu'il voyait le monde par ses yeux. L'accusation prétend que M. Tennyson était violent envers sa femme, mais moi j'affirme qu'elle ne nous a pas procuré de preuves solides pour étayer cette assertion. La seule que l'on nous ait donnée est une rumeur non corroborée, rapportée par un unique témoin. Personne d'autre n'a jamais...

Elle s'interrompt pour accentuer son effet et lève le doigt :

— Jamais, répète-t-elle en regardant directement les jurés, entendu le moindre mot sur cette violence domestique qu'aurait subie la défunte, aucune autre source ne parle non plus en ce sens. Mme Tennyson ne l'a jamais évoquée avec son médecin, n'a jamais recherché d'aide, ni abordé le sujet avec une autre amie ou un membre de sa famille. Elle n'a jamais acheté de médicaments pour se soigner, ni n'a été absente sans justification de son travail. La question de la violence domestique est donc un mirage. Mme Tennyson a-t-elle dit à Mlle Thornton qu'elle avait été agressée, ou bien Mlle Thornton a-t-elle mal interprété ses propos ? Nous ne le saurons jamais, mais n'oubliez pas que Mlle Thornton n'a pas vu de blessures, et quand elle craignait que Mme Tennyson ne soit de nouveau en danger, celle-ci a vigoureusement nié. Pourquoi ? Parce que ce n'était pas le cas.

Elle martèle chaque mot.

— Il n'y avait pas de violences domestiques, et il n'y en a jamais eu, c'est la caractéristique de ce mariage. Et je suis d'avis que la mince preuve non corroborée consistant en une conversation qui remonte à 2005 est lourdement insuffisante.

» Qu'en est-il à présent des événements de la soirée du 12 septembre ? L'accusation voudrait vous faire croire qu'un mari et un père aimant tuerait sa femme lors d'une agression prolongée et brutale, puis mettrait tout en œuvre pour créer une fausse piste compliquée afin d'écarter les suspicions. Ce scénario improbable n'est étayé par aucune preuve significative. Réfléchissez juste à ce qui suit.

Sa voix est claire, sérieusement déterminée, et son dos raide comme un piquet quand elle s'adresse au jury.

— Aucune empreinte sur le tisonnier ne permet de relier M. Tennyson à l'arme utilisée. On a fait grand cas de vêtements absents, de chaussures manquantes, mais l'absence de preuve ne constitue pas une preuve. Même le technicien médico-légal a admis qu'il était impossible d'établir de quoi provenaient les cendres retrouvées dans le poêle. Or, cette preuve est cruciale.

Elle frappe le poing dans sa paume.

— Sans preuve, il y a un doute. L'ombre d'un doute. Nous, la défense, ne pouvons être tenus responsables des lacunes de l'accusation, c'est son travail à elle. Le nôtre est d'évaluer et d'analyser les preuves.

» Que reste-t-il ? Des fragments de peau sous les ongles de la défunte ? Jack Tennyson a expliqué que son épouse avait trébuché plus tôt dans la journée, qu'elle s'était rattrapée à lui pour garder l'équilibre, et lui avait égratigné la peau. Une explication simple et honnête. Les empreintes digitales recueillies sur le mur près de l'escalier et sur la porte de la salle de bains ont été faites par M. Tennyson quand il s'est rué à l'étage pour vérifier qu'il n'y avait pas d'intrus dans la maison et secourir sa petite fille. Le sang dans la douche peut très bien provenir de Mme Tennyson elle-même, ou alors de son meurtrier, qui aura bénéficié de presque deux heures et demie pour rôder dans la maison, s'il est arrivé juste après le départ de M. Tennyson. Bien qu'il ne relève pas de la responsabilité de la défense de répondre à ces questions, nous pouvons affirmer qu'il existe de nombreuses explications possibles aux gouttes de sang retrouvées dans la douche, et l'accusation a encore une fois pitoyablement échoué à établir un lien entre M. Tennyson et cette preuve. Quant à la trace de pas ? Des milliers de paires de ce modèle – le plus populaire de la saison – se sont vendues l'an dernier, dans la région de Manchester. L'accusation n'a pas pu nous prouver sans l'ombre d'un doute que la chaussure qui avait laissé l'empreinte appartenait à mon client ou avait été portée par celui-ci.

Je pense au récépissé, combien important cela me semblait. Le bon sens ne dictera-t-il donc pas aux jurés que la trace de pas provenait de tes baskets, et que tu les as brûlées ?

— Dès l'instant où M. Tennyson a découvert le corps de sa femme bien-aimée, il a coopéré avec la police et n'a jamais changé d'un iota sa version des faits. Ses déclarations ont été cohérentes, à maintes reprises, car il s'en tient à la vérité.

Elle presse ses lèvres l'une contre l'autre, ligne orange criarde formant un sourire contrit.

— Aux prises avec la plus profonde douleur et suite au traumatisme engendré par le meurtre de son épouse, M. Tennyson, lui-même happé par la nébulosité insidieuse de la suspicion, a fait preuve d'une dignité inimaginable. Il n'a pas tué Lizzie Tennyson. Il n'a pas agressé Lizzie Tennyson. Il l'aimait, et a besoin de la pleurer.

Sa voix semble emplir tout le tribunal, claire et précise.

— Si vous avez le plus petit, le plus léger doute concernant les preuves retenues contre lui, alors il sera acquitté sans que sa réputation n'en soit atteinte et libre de fournir un foyer aimant à son enfant. Lorsque vous délibérerez, posez-vous cette question : où est la preuve ? La preuve solide, irréfutable. Où ? Pas dans la piètre comédie orchestrée par Me Cromer à l'aide du mannequin. Ni dans l'absence de sang, de vêtements, d'empreintes digitales ou de paires de chaussures de sport qui ne convenaient pas. Ni dans l'absence de mobile. J'ajouterai une autre absence ici : celle de la culpabilité.

» M. Tennyson aimait sa femme. Il est allé à la salle de sport en cette fatale soirée, a acheté du lait après que Mme Tennyson lui avait envoyé un message le priant d'en rapporter, puis est rentré chez lui pour découvrir une véritable scène de dévastation. Ce sont les faits incontestables, corroborés. Nous sommes de tout cœur avec les parents de la défunte, sa fille, ses amis et ses collègues. Mais également avec M. Tennyson.

Elle s'exprime calmement à présent, incluant chacun.

— Il a perdu son épouse, la femme de sa vie, la mère de son enfant. M. Tennyson n'a pas commis ce crime affreux. Je vous prie d'étudier précisément les preuves, et elles vous démontreront que c'est un homme innocent, accusé à tort. Son sort repose entre vos mains. Je vous remercie.

Le juge indique aux jurés qu'ils ont entendu tous les témoignages et que leur tâche consiste à présent à trancher, en prenant tous les éléments en compte, s'ils te considèrent comme coupable ou non.

— Si vous concluez que M. Tennyson est innocent du crime dont on l'accuse, vous devrez rendre un verdict de non-culpabilité. Si vous estimez qu'il y a suspicion de culpabilité, mais que les preuves vous empêchent de lever tout doute quant à sa culpabilité, alors vous devez acquitter l'accusé. Si vous arrivez à la conclusion que M. Tennyson est responsable du crime dont on l'accuse, en fonction des divers témoignages que vous avez entendus, alors vous devez rendre un verdict de culpabilité. Vous devez faire en sorte d'obtenir un verdict à l'unanimité. Il m'appartient de déterminer la législation applicable à l'infraction. L'accusé est poursuivi pour meurtre ; dans la juridiction britannique, il s'agit d'un crime de droit commun par lequel une personne en a tué une autre, mue par l'intention initiale d'entraîner en toute illégitimité sa mort ou de lui causer de graves préjudices.

Lorsqu'il récapitule les preuves, je regarde le jury, ces femmes et hommes qui tiennent ton destin entre leurs mains. Ton interprétation les a-t-elle convaincus ? Ils n'ont jamais vu Lizzie, mais tous les jours ils ont été témoins de ta présence calme et de ta posture inébranlable, peut-être même influencés par la beauté de tes traits. Ne pensons-nous pas tous, de façon primaire, que les personnes avantagées physiquement sont moralement supérieures aux autres ? Tous ne t'auraient-ils pas, comme moi, accueilli à bras ouverts dans leur famille ? Toi, un homme brillant, charmant, talentueux. Aurions-nous été ici si tu ne l'avais pas demandée en mariage ? Si elle avait pris plus de temps pour réfléchir à cette demande ? Si elle n'avait pas été enceinte ? Si tu avais eu la chance de percer comme tu le souhaitais ? Avec des si, on refait le monde.

Le juge se lève, et je sens mes entrailles se nouer d'un coup. Le jury quitte la salle. Je suis paralysée. Clouée sur place en attendant que le verdict soit rendu. J'espère qu'ils te déclareront coupable, et me libéreront.

Nous sommes à nouveau appelés au tribunal le lendemain. Les jurés ont délibéré pendant sept heures en tout, interrompus par la pause du dîner, puis emmenés à l'hôtel.

Je n'ai pas dormi de la nuit. J'ai l'estomac si contracté que je crains de vomir. Ma bouche est pleine de salive, et je ne cesse de déglutir. Tony paraît aussi terrifié que moi. Denise a les yeux rouges, elle a pleuré. Bea me tient la main.

Et si on te déclarait non coupable, que se passerait-il ? Tu sortirais de cette salle comme un homme libre. Chercherais-tu à te venger ? T'en prendrais-tu à moi, voudrais-tu me punir de mon désir ardent de faire de toi le coupable ? Ce serait si facile. Tu pourrais récupérer la garde de Florence, m'empêcher de la voir. Déménager, repartir de zéro. Je ne pourrais pas le supporter.

Le juge prend la parole, demandant à la présidente si le jury est parvenu à rendre un verdict.

Mon cœur bondit jusque dans ma gorge.

Je regarde droit dans les yeux la femme qui répond au juge, le sang bourdonnant dans mes oreilles, et le gémissement aigu qui ne m'a pas quittée un instant depuis le début s'accentue durant le bref instant qui précède l'énoncé du verdict.

J'étreins les doigts de Bea, yeux rivés aux lèvres de la présidente. J'y lis l'unique mot.

Coupable.

Et c'en est fini.

Ruth

TROISIÈME PARTIE

CHAPITRE 1

Mardi 20 juillet 2010

Sauf que ce n'est pas aussi facile, bien entendu. Je pensais qu'une fois la culpabilité de Jack établie et la sentence émise – le juge a opté pour une peine de prison d'au moins dix-sept ans – viendrait un sentiment de soulagement, même si la page ne serait jamais tournée. Ou une impression de libération, après la tension subie durant tout le procès dans le sillage de la mort de Lizzie. À l'époque, il me semblait que sa condamnation était le but ultime, une fin en soi. Je croyais qu'une fois ce but atteint je commencerais à reprendre pied. Que je serais de nouveau sur la terre ferme.

Mais non. Les choses ont si peu changé. Je suis toujours à la dérive, engloutie par ma haine. Et ma culpabilité.

La haine sera une évidence pour toute personne douée d'un minimum d'intelligence, mais la culpabilité est tout aussi corrosive. Ce sentiment sauvage, frénétique, d'avoir échoué avec Lizzie, qui me glace les entrailles en permanence. Le seul refuge, quand mes rêves le permettent, c'est le sommeil. Là, je me soustrais à la réalité pendant une durée suffisante pour que mes muscles se décontractent. Mais il est de nombreuses nuits où je me réveille en sursaut, paniquée. Consciente que moi aussi je vais mourir, bientôt, inéluctablement. Ou bien mon sang ne fait qu'un tour : me voilà persuadée que Florence est morte ! Alors je cherche sa chaleur sous les draps, les battements de son cœur.

Mes pensées ne cessent de tourner en rond, je passe au crible les détails du procès, désireuse de les embrasser tous, de les assimiler, les absorber dans chaque cellule et nerf de mon être, mais comment y parvenir et trouver la paix, quand tant me reste encore caché ? Il y a trop de lacunes, trop de trous, le silence et les mensonges de Jack entachent l'histoire.

Peut-être qu'une transcription complète du procès m'aiderait, mais quand je me renseigne, on me répond que cela me coûterait plus de deux mille livres. Or, je n'ai pas d'argent. Après les frais liés aux funérailles, les dépenses nécessaires à la réparation de leur maison (qui à présent a été saisie), ce dont j'ai besoin pour Florence, je vis à crédit. Une autre source d'inquiétude.

Lorsqu'il fait jour, mon humeur est changeante ; la colère, vive, féroce, ardente, surgit à la moindre contrariété, pour l'incident le plus futile.

Stella est une imbécile. Elle affiche une fausse sympathie et me critique dès que j'ai le dos tourné. Il me serait plus facile de communiquer avec elle si elle était franche, mais elle s'exprime par allusions, transmises avec un sourire étincelant et un ton compatissant.

— Une fouille-merde, résume Tony quand je la lui décris.

Denise et lui viennent régulièrement chercher Florence pour la sortir, et prennent le temps de boire un café quand ils la ramènent.

Aujourd'hui, à la bibliothèque, je m'occupe des pertes et dégâts : j'envoie des lettres aux abonnés dont la date de retour des documents empruntés a expiré depuis longtemps, répertorie ceux qui ont été remis déchirés ou dégradés, portant des taches de thé ou des brûlures de cigarette ; dans l'un d'eux, on a même glissé une tranche de bacon en guise de marque-page.

Stella surgit au-dessus de mon épaule. Ce n'est jamais bon signe.

— Certaines personnes ne respectent rien ! s'exclame-t-elle d'un air désapprobateur. De vrais animaux. C'est un miracle qu'ils sachent lire.

— Pour la plupart, il s'agit d'accidents, dis-je. Certains agissent bien sûr avec préméditation comme là, par exemple.

Je prends un exemplaire de *Abattoir 5*.

— Quelqu'un a barré tous les mots grossiers au stylo bleu.

— Ceux qui griffonnent des mots grossiers m'inquiètent davantage, réplique-t-elle.

Je souligne alors :

— Dans les deux cas, c'est du vandalisme.

— Recourir à un tel langage est gratuit, renchérit-elle.

C'est un problème persistant chez une petite minorité de lecteurs, qui se servent de nous pour que soient retirés des rayons les livres qui les ont choqués. Cependant, la majorité des lecteurs sont larges d'esprit, et un registre de langue familier ne leur pose pas de problème s'il sert le récit. Il en va de même pour les bibliothécaires qui aiment les livres avec passion ; il est rare de rencontrer des personnes à l'esprit étroit dans cette profession. Mais voilà que je me retrouve avec une supérieure correspondant à ce cas de figure. Je pense à la citation de Billy Connolly : « Le langage grossier n'existe pas. Ce sont juste nos codes moraux qui foutent la merde. »

— Ce n'est pas gratuit. C'est un grand roman, le registre de langue est justifié. Vous l'avez lu ?

Elle secoue la tête. Lit-elle ? Nous n'avons pas parlé d'un seul livre depuis que nous nous connaissons.

— J'allais vous demander de vérifier le nouveau stock. Je ne m'étais pas rendu compte que ce travail-ci vous prendrait tant de temps, même si je comprends bien qu'avec ce qui s'est passé…

Je me lève et m'écarte du bureau, ressentant ce faisant une douleur aiguë au genou. Ainsi qu'une colère sourde.

— Faites-le, bordel de merde, si vous pensez être plus rapide que moi ! Je vais m'occuper du stock qui vient d'arriver.

Elle en reste bouche bée, un cercle parfait. Je devrais m'excuser, je sais, mais je ne me maîtrise pas. Je vais me réfugier dans la salle du fond, remplie de cartons à déballer.

Après quelques jours de congé maladie, je reviens et fais profil bas. Je ne peux pas continuer ainsi, car je dois penser à Florence, et même si Tony et Denise me soutiennent, il est indispensable que je gagne ma vie.

— Désolée de m'être emportée, dis-je à Stella. Je sais que c'est inacceptable. Je suis navrée.

— OK, acquiesce-t-elle.

Mais elle est encore vexée, lèvres pincées pour signifier sa réprobation. Elle me punit durant la quinzaine suivante, tout le temps sur mon dos, mais feignant d'être soucieuse de mon bien-être. « Ruth, avez-vous... », « Ruth, si vous n'avez pas envie de faire cela... », « Ruth, pourriez-vous... » Ruth, Ruth, Ruth...

Elle sourit toujours à pleines dents, mais son regard est froid. Maintenant, je redoute d'aller au travail à cause de Stella.

J'emmène Florence chez le généraliste qui me communique les coordonnées d'une personne susceptible de l'aider. Cela implique que je me rende à Londres et traverse la moitié de la ville. Un vrai marathon, aussi dormons-nous chez Rebecca sur un matelas gonflable.

Le psychologue est un homme d'âge moyen, barbu, grassouillet. Une de ces personnes dans les yeux desquelles brillent de la gentillesse, de sorte que le simple fait de le voir m'allège un peu le cœur. Il s'adresse directement à Florence.

Première séance. Elle joue avec des poupées Duplo, par terre.

— Montre-moi ce qui est arrivé à ta maman, demande-t-il.

Florence s'immobilise complètement pendant une minute, et je m'attends à ce qu'elle se renferme sur elle-même ainsi qu'elle le fait si souvent ; au lieu de quoi, elle place une figurine face au sol.

Comment peut-elle savoir que Lizzie gisait ainsi ? Jack a dit l'avoir protégée de la scène.

Tenue dans mes bras de sorte qu'elle ne voie rien.

Est-elle descendue pendant qu'il était affairé à se constituer un alibi ? A-t-elle vu Lizzie ? Est-elle remontée se cacher ? L'a-t-elle aperçu, lui, à l'œuvre ? Ou bien la façon dont Florence a placé la poupée n'est-elle rien d'autre que son interprétation de la mort ? La poupée doit être étendue par terre si elle est morte, et la fillette n'a que deux manières de l'y poser.

J'ai la sensation que peu de phrases sont échangées au cours de la séance, mais chacune contient une mine d'informations.

— Qu'est-il arrivé à ta maman ? s'enquiert le thérapeute.

— Elle est tombée, morte.

Florence scande chaque syllabe en levant et baissant le menton.

— Pourquoi elle a fait ça ?

— C'est papa qui l'a fait.

Elle le sait puisque je lui ai expliqué, après le procès, que le tribunal avait déclaré que c'était papa qui avait fait du mal à maman et provoqué sa mort, et qu'il devait rester en prison pendant très longtemps.

— Tout seul ? a-t-elle demandé.

Était-elle désolée pour lui ?

— Non, il y a d'autres personnes. D'autres personnes qui ont fait de méchantes choses et des gens qui les surveillent.

Elle a poussé un de ses petits soupirs indéchiffrables, puis n'a plus rien dit.

Le thérapeute s'adresse aussi à moi et me demande ce que j'éprouve par rapport à la mort de Lizzie.

— De la fureur, dis-je. Je ne cesse d'y repenser. J'avais espéré que ma rage diminuerait avec la condamnation.

Au fur et à mesure que je parle, je sens mes joues s'empourprer, et mon estomac me brûle.

Je poursuis :

— Je le hais. Je le hais tant. Cela ne me suffit pas de le savoir derrière les barreaux.

— Et qu'est-ce qui suffirait ? questionne-t-il.

Je secoue la tête. Je ne peux fournir aucune réponse.

— Rien. Même si je pouvais tuer ce salaud, cela ne la ramènerait pas.

— Je vous interroge au sujet de Lizzie, dit-il, et vous me parlez de Jack.

— Il l'a tuée.

— Vous l'avez perdue pour toujours. Nous pleurons nos morts différemment ; il y a des stades identifiés, mais nous ne les vivons pas tous de la même manière, nous en revisitons certains. Vous êtes en colère, et si cette colère vous dévore, il vous est difficile de passer au stade suivant. Notamment celui de l'acceptation.

Comment quelqu'un pourrait-il accepter une chose pareille ?

— Je veux juste qu'il paie pour ce qu'il a fait, qu'il souffre autant que moi.

— Il y a un proverbe qui dit : « Celui qui cherche la vengeance doit creuser deux tombes. »

J'acquiesce, car je le connais.

— Cela me tue, effectivement.

— Avez-vous déjà entendu parler de la notion de « deuil compliqué » ?

— Non.

— Le deuil est un processus naturel, c'est la façon dont nous vivons et finalement acceptons la mort d'un être cher. Dans les cas les plus compliqués, le processus se fige, la personne en deuil est coincée, il lui est impossible de surmonter la perte. D'avancer.

Le tableau qu'il dépeint m'est familier.

— C'est plus fréquent si la mort est brutale. D'après ce que je vois de Florence, je dirais qu'il se peut qu'elle vive un deuil compliqué, et c'est sans doute également votre cas. Elle va ressentir votre colère et continuera à régresser. Par ailleurs, l'implication du père de Florence, l'autre personne qui prenait soin d'elle, dans cette disparition est un facteur aggravant. Elle risque de présenter diverses réactions psychologiques négatives. La culpabilité de n'avoir pu protéger sa mère, d'imaginer que son propre comportement a suscité l'agression, que si elle avait été plus gentille, tout se serait bien passé. Plus perturbant encore, le constat qu'elle est à la fois sa mère et son père. Et que si celui-ci est mauvais, alors la moitié d'elle-même l'est aussi.

Pour éviter une telle perception de la situation, je dois lui expliquer que c'est le comportement de Jack qui était pernicieux, pas Jack en lui-même. Il n'existe pas de personnes diaboliques, seuls les actes le sont.

— En ce qui vous concerne, reconnaissez-vous quelques-uns de ces indicateurs ? Avez-vous l'impression que l'un d'eux s'applique à votre cas ?

Il me montre alors une liste intitulée « Symptômes de deuil compliqué ». Je les lis. Certains font résonance en moi : une amertume excessive liée à la mort, une agitation effrénée et prolongée, le sentiment durable que la vie n'a pas de sens.

— Je pense que vous avez toutes les deux besoin d'aide, conclut le thérapeute.

Florence poursuit ses séances avec lui. Nous effectuons plusieurs excursions à Londres.

De mon côté, j'ai une poignée de rendez-vous avec un psychologue spécialisé dans le deuil. À maintes reprises, je me retrouve à parler de ma colère, ainsi que de mon désir de vengeance.

CHAPITRE 2

Samedi 13 août 2011

Je rêve de fuir. D'une vie différente. Peut-être déménager de Manchester. À mesure que filent les mois, piégée dans la pénibilité de mon travail, je continue à m'occuper de Florence. Elle mouille toujours son lit, est toujours quasi muette et regimbe souvent. Je me demande si nous ne sommes pas pétrifiées par l'impact que le meurtre de Lizzie a eu sur nous. Peut-être sommes-nous trop proches de la scène du crime. Nous avons une conscience aiguë du gouffre que Lizzie a laissé derrière elle. Sur toute chose plane l'ombre de notre perte, chacune étant à la fois amère et émouvante en raison de son absence. Chaque lieu, chaque rue, chaque magasin, parc ou galerie commerciale est imprégné de son souvenir.

Où puis-je aller ? Que devrais-je faire ? Comment puis-je gagner ma vie ? Je ne vois pas trop à quel métier je pourrais prétendre, avec ma formation, sans compter qu'une femme de cinquante-neuf ans ne va pas avoir grand succès sur le marché de l'emploi. Il faudrait que je trouve une autre façon de subvenir à nos besoins. Créer une entreprise, peut-être. Ou bien une garderie alternative pour enfants, ou alors travailler comme assistante maternelle.

Finalement, Bea a une idée. Elle est toujours en contact avec Frank et Jan qui avaient le jardin ouvrier ; ils habitent maintenant en Cornouailles et ne seront pas chez eux cet été.

— Tu pourrais aller là-bas, me suggère-t-elle. Jan m'a dit qu'ils aimeraient que quelqu'un surveille leur maison.

Ils m'ont souvent invitée avant, mais je n'ai jamais pu m'y rendre.

— Cela vous ferait des vacances, à Florence et toi, insiste-t-elle, et te permettrait de goûter à l'expérience d'un nouveau départ.

Je prends contact avec Jan avant de changer d'avis, et nous convenons que Florence et moi passerons quatre semaines dans leur cottage.

Je fais des heures supplémentaires et en échange d'autres avec des collègues pour augmenter la durée de mes congés.

Le voyage est épuisant. Nous partons à 6 heures et arrivons à 13. Le cottage allie à la fois le charme ancien du bord de mer et le confort moderne. Des murs blanchis à la chaux, des poutrelles en bois, de petites fenêtres partout, à part les larges portes du patio sur le devant qui donne sur un jardinet, avec vue sur l'océan au-delà. Sans oublier Internet et une douche hydromassante.

Après avoir lu les instructions laissées par Jan et Frank, nous descendons le chemin qui mène à la plage. L'air est frais et sent l'iode à cause de la brise marine, la mer est d'un bleu ardoise intense, couronnée d'écume blanche. Les gravillons crissent sous nos pieds.

Avec l'instinct d'un petit enfant, Florence se met à creuser un trou, et je m'assois à côté d'elle. Je me sens instable, comme si je risquais d'être emportée par le vent. Je me réjouis que la plage soit assez grande pour ne pas donner la sensation d'être bondée. L'espace à lui seul est suffisamment impressionnant sans que viennent s'y greffer des hordes de gens. Depuis quand Florence n'a-t-elle pas pataugé dans l'eau salée ? Se rappelle-t-elle son dernier voyage au bord de la mer avec Lizzie et Jack ? Je n'en ai aucune idée. Elle était si jeune quand sa mère est morte, j'imagine qu'il ne lui reste plus que très peu de souvenirs. Tony et moi lui avons confectionné un album, avec des photos qui étaient stockées sur l'ordinateur de Lizzie, quand la police nous l'a restitué, et certains de nos clichés personnels, des cartes, des mots.

Nous revenons quand Florence a soif, et après que nous avons bu et mangé nos derniers sandwichs, je dresse l'inventaire des provisions. Comme Jan et Frank habitent dans le cottage, celui-ci ne présente pas les inconvénients d'une maison de location : pas besoin d'aller acheter de l'huile ni du sel pour cuisiner, ou encore du liquide vaisselle.

Florence emmène Matilda dans le jardin pendant que je défais les bagages. Le protège-matelas est ma priorité. Le village est assez grand, il comprend les terres cultivées se déployant derrière la maison, mais nous sommes près du centre, avec sa petite rue principale et sa cohorte de boutiques. La plupart d'entre elles sont destinées à des accessoires de vacances : des matelas pneumatiques, des seaux et des pelles sont suspendus aux devantures, tandis que des présentoirs de cartes postales encombrent les trottoirs.

Nous prenons nos habitudes. Réveillées tôt par la clameur tapageuse des mouettes, nous savourons tranquillement le petit déjeuner puis descendons à la plage, le matin. Florence joue, et moi... Qu'est-ce que je fais, au juste ? Je suis obsédée, je suppose. Je suis incapable de focaliser mon attention sur les livres que j'ai apportés. J'ai essayé de nombreuses fois, mais je n'arrive pas à lire. Aucune concentration. Encore une chose que Jack m'a volée. Quand l'heure du repas approche, nous barbotons dans l'eau. Elle est glacée, et lorsque nous en émergeons, nous rentrons à la maison pour déjeuner et nous réchauffer.

C'est un endroit charmant, et le soleil brille, mais cela me semble irréel. La première semaine s'écoule, la deuxième apporte de la pluie, et je me sens de plus en plus mal à l'aise. Il me faut un certain temps pour comprendre que j'ai la nostalgie de la maison. Un poisson hors de l'eau. Ce cottage est parfait, nous avons de l'espace, le cadre est magnifique, mais il ne me correspond pas. Manchester me manque, sa crasse, ses bousculades, sa gaieté, le tohu-bohu du quotidien, le lien qui m'unit à tous les gens, les lieux, les immeubles, sa ligne d'horizon que je connais par cœur. J'ai l'impression d'avoir trahi Lizzie, de l'avoir abandonnée. Peut-être est-il encore trop tôt ; un jour viendra où je pourrai quitter la ville sans me sentir coupable.

Un matin, Florence joue avec une autre petite fille. Et je me demande si elle n'est pas en train de guérir.

Nous rentrons à la maison une semaine plus tôt que prévu.

Vendredi 23 septembre 2011

Une note de service est transmise à tous les employés municipaux. Des propositions de départs volontaires et des licenciements économiques. Au travail, c'est devenu l'enfer ; Stella me surveille en permanence, épie la moindre de mes respirations.

— Je pense que je vais partir en retraite anticipée, dis-je à Bea.

— Tu pourras t'en sortir ? questionne-t-elle.

— Non, ma pension ne suffira pas, c'est vraiment une bagatelle, mais mon prêt pour la maison est payé, donc j'ai juste les dépenses de la vie courante.

— Juste, répète-t-elle sèchement.

— Je pourrais reprendre un locataire, poursuis-je. Cela m'aiderait.

Elle hoche la tête.

— Ce serait peut-être bien que tu aies de la compagnie, en effet.

— Cela dit, imagine un peu les commérages. Le monde du spectacle est petit. Ce sera la maison où Jack Tennyson s'est cloîtré après avoir tué sa femme.

— Il doit bien y avoir d'autres personnes que les acteurs de passage qui ont besoin de locations à court terme, à Manchester, renchérit Bea. Tu pourrais aussi louer pour une année universitaire à un étudiant ou un postdoc. Quelqu'un qui a envie d'une atmosphère familiale, au lieu d'une vie décousue.

Les indemnités de licenciement me laisseraient un peu de temps pour souffler, quelques mois pour trouver une autre façon de gagner ma vie, alors j'opte pour cette solution. Je ne suis pas la seule à accepter le plan de départs volontaires. Le moral n'est pas bon, et les gens qui comme moi sont dans le service depuis des années n'ont plus le même enthousiasme qu'avant, nous voyons les choses différemment. Parfois, c'est un peu comme mourir à petit feu. Je suis toujours fière de notre service, mais je sais qu'il pourrait faire bien mieux. Combien de temps réussira-t-il à tenir avec la réduction d'effectif et de moyens ?

Je ne peux imaginer l'avenir. Mon seul horizon, c'est le jour qui suit la nuit, et la lutte quotidienne pour continuer : continuer à respirer, à se lever, à mettre un pied devant l'autre.

CHAPITRE 3

17 Brinks Avenue
Manchester
M19 6FX

Le jardin ouvrier a été laissé à l'abandon. Melissa et Mags se sont occupées de deux plates-bandes ; certaines parties sont recouvertes de vieux tapis, mais d'autres sont envahies par des mauvaises herbes et des épinards montés en graine. Je n'y suis pas venue aujourd'hui pour semer ou bêcher, mais juste pour m'asseoir au soleil et profiter de ses doux rayons, tout en réfléchissant à ce que je vais faire. De l'autre côté du jardin, des abeilles sont assoupies, et un rouge-gorge s'affaire à dénicher des vers de terre.

Ma soif de vengeance, l'obsession que tu représentes pour moi, ton crime, ma haine, tous ces éléments ne permettent pas à mes blessures de cicatriser. Je ne cesse de les triturer. De les gratter, gratter, gratter. Les plaies s'infectent. La colère que j'éprouve contre moi, la haine que je te voue, ma détermination à ne voir en toi qu'un assassin, le sien, tout cela concourt à attribuer de façon permanente à Lizzie le seul rôle de la victime. Et cette haine furieuse ne me mène nulle part ; toutes mes pensées en sont emplies, elle me force à garder les paupières grandes ouvertes pour voir Lizzie gisant dans une mare de sang, Lizzie esquivant le premier coup, terrorisée. Je ne veux pas passer le reste de ma vie à songer à ma fille de cette manière.

Comment puis-je te pardonner ? En ai-je envie ? Le mérites-tu ? Tu n'as même pas reconnu tes actes. J'ai étudié les rapports sur la Commission de la vérité et de la réconciliation en Afrique du Sud. Tant de tortures, des exactions de masse émanant du pouvoir étatique. Grâce à cette commission, les victimes ont eu l'opportunité de raconter une nouvelle fois les horreurs attachées à l'apartheid ; les bourreaux, eux, se sont vu offrir l'amnistie s'ils levaient entièrement le voile sur les crimes aux motivations politiques. Une approche très différente du procès de Nuremberg au lendemain de la Seconde Guerre mondiale. Celui-ci était punitif alors que, par l'autre méthode, on a tenté de rendre la justice en guérissant la société.

En Afrique du Sud, le peuple a eu le sentiment d'obtenir plus de vérité que de réconciliation. Certains ont argué que celle-ci ne peut pas être une alternative à la justice, mais un processus qui en découle. J'ai obtenu justice, puisque tu es derrière les barreaux, mais je n'ai pas retrouvé la paix intérieure pour autant.

Un si grand nombre des autres affaires que j'ai étudiées, sur le pardon et la réconciliation, sont sous-tendues par la foi, chrétienne notamment. « Pardonnez-leur, Père, car ils ne savent pas ce qu'ils font. » Je ne crois pas aux dieux, ni aux fantômes, ni aux fées. Il existe quelques exemples incroyables de parents accordant un pardon absolu, sans réserve, abandonnant toute colère, se libérant de tout désir de vengeance. Je m'en sens incapable.

Ce que je peux saisir, en revanche, c'est la façon dont ces gens charitables donnent un cadre à leurs émotions avant l'acte du pardon. En évoquant le joug de l'amertume, le cancer de la haine et le pouvoir que l'assassin exerce sur eux aussi longtemps qu'il définit leur vie éveillée. Sartre a déclaré : « L'important n'est pas ce qu'on fait de nous, mais ce que nous faisons nous-mêmes de ce qu'on a fait de nous. » Je ne suis pas libre. Je pourrais tout aussi bien être dans cette cellule avec toi. Ma haine, mon anxiété, ma rage sont les fers dont je me caparaçonne. Plus je t'en veux, plus je te méprise, plus je te maudis, plus je souffre. Mais comment puis-je faire autrement ?

Ruth

CHAPITRE 4

17 Brinks Avenue
Manchester
M19 6FX

Kay appelle pour m'apprendre que tu as avoué. J'en tombe presque par terre, le choc est si grand. Je ressens immédiatement une folle allégresse, une sensation vertigineuse. Cela prouve que j'avais raison.

C'est seulement plus tard que je commence à y repenser avec plus de prudence. Ne serait-ce pas une ruse pour être relâché plus tôt ? Tu dois effectuer une peine d'au moins dix-sept années avant qu'une libération conditionnelle ne soit envisageable, et cela fait juste trois ans que tu es en prison. Aucun condamné ne peut être remis en liberté conditionnelle s'il n'exprime pas de remords. Par conséquent, si c'est une tactique, tu t'y prends très en avance.

En réalité, je m'en fiche. Puisque tu admets à présent ton crime, j'y vois l'occasion d'accéder à la vérité. C'est ce que voulaient les gens en Afrique du Sud, et les autres pays qui les y encourageaient. J'en conclus que, pour Florence, pour moi-même et pour Lizzie, je dois trouver une manière d'aller de l'avant.

Nous commencerons donc par la vérité. Tu me diras tout. Il me suffit de trouver une solution pour entrer en contact avec toi.

Tony pense que je suis folle de vouloir communiquer avec toi. Il ne semble pas aussi détruit que moi par la mort de Lizzie, pas aussi aigri. Il a le cœur brisé, certes, un voile de tristesse l'entoure ces temps-ci, implacable. Mais il n'est pas habité par la même révolte que moi. Peut-être ta trahison me paraît-elle plus grande parce que j'ai vu les fruits de ton œuvre et que je t'ai hébergé chez moi durant les jours qui ont suivi.

Kay essaie de me dissuader quand je lui fais part de mes intentions.

— La justice réparatrice est très utile pour les petits délits, des comportements asociaux, des vols, des escroqueries, mais pas pour un crime de cette ampleur.

— Il y a eu un cas aux États-Unis, dis-je, je l'ai vu sur Internet. Un couple qui a pu rencontrer l'homme qui avait tué leur fille.

— C'est très inhabituel, déclare-t-elle, et je n'ai jamais entendu parler de ça par ici.

Elle accepte toutefois de se renseigner. Deux semaines plus tard, elle m'annonce que ses démarches sont restées infructueuses.

— Si Jack acceptait, dis-je, et moi aussi, en quoi cela pourrait-il être une mauvaise chose ?

— Il vous faudrait un professionnel pour mettre en œuvre tout cela, et je n'ai pas été en mesure de trouver quelqu'un prêt à travailler avec vous.

— Kay, je suis en train de me noyer.

— Je suis désolée, Ruth. Je ne peux pas vous aider. Je ne crois pas que ce soit faisable.

Je passe des heures à rechercher des gens sur Internet : des psychologues, des spécialistes de la médiation. J'envoie des mails, on me répond par la négative, avec des excuses, des prétextes.

Rien à faire.

Pourtant, je veux connaître la vérité, savoir exactement ce que tu as fait à Lizzie, comment elle est morte, entendre tes remords. Sans cela, toute perspective de pardon, ou même d'acceptation, est exclue. Il y a tant de questions auxquelles toi seul peux répondre.

Ruth

CHAPITRE 5

Mardi 23 octobre 2012

Je suis en train de nettoyer le four, une tâche que j'abhorre, ce qui signifie que je ne le fais pas souvent et que c'est encore plus dur.

Florence est assise à la table de la cuisine, affairée à triturer de la pâte à modeler.

Au début, je crois avoir mal entendu. Je suis agenouillée, la tête dans le four, m'efforçant de ne pas respirer les exhalaisons.

— Papa a tapé maman.

Je sors la tête et me retourne.

— Pardon ?

— Papa a tapé maman.

C'est la première fois que Florence engage une conversation sur la tragédie avec moi. Bien que je l'aie prévenue qu'elle devrait sans doute revisiter le meurtre en pensée à maintes reprises pendant qu'elle grandirait, afin de mieux le comprendre quand elle serait intellectuellement et émotionnellement plus mûre, chaque fois que j'aborde le sujet, elle reste silencieuse.

— Oui, dis-je avec lenteur. C'est vrai, et maman est morte.

— Beaucoup de fois, poursuit-elle.

Je ne lui ai jamais donné de détails sur les circonstances ; elle ne sait rien du tisonnier, des coups. *Au moins douze.* Du moins est-ce l'impression que j'ai. Ai-je prononcé le mot « beaucoup » pour expliquer pourquoi Lizzie avait été si gravement blessée qu'elle n'avait pu s'en remettre ?

— Vraiment ?

— Ras le bol, dit-elle.

Et elle frappe de la main la pâte à modeler.

— Ras le bol, répète-t-elle, tel un écho.

L'écho de Jack ? Ou peut-être de Lizzie ?

Me redressant, j'enlève mes gants en caoutchouc, mais garde mes distances. Je ne veux pas la bousculer. Je regarde fixement par la fenêtre ; Milky est juché sur la poubelle à roulettes, au fond du jardin, occupé à faire sa toilette.

— Qui disait « ras le bol » ?

— Papa. Il était très en colère.

— Oui, dis-je platement. Il était en bas ?

— Un jour, et un autre jour...

Elle fait un bruit de gorge comme si elle n'était pas certaine de la façon dont elle doit le formuler.

— Un jour, reprend-elle, dans la chambre, et un autre dans la cuisine, et beaucoup de jours.

— Papa a frappé maman beaucoup de jours ?

Un élan d'adrénaline me traverse. Tout mon être se tend.

— Et après, elle est tombée par terre, morte.

Je jette un coup d'œil dans sa direction : elle est en train de donner de petits coups dans la pâte rose avec ses doigts.

— Tu as vu papa et maman le jour de la grande dispute ?

Elle secoue la tête.

— Reste dans ta chambre, dit-elle d'un ton sévère.

Les larmes me montent aux yeux, et je cligne rapidement. Ai-je bien compris ? Jack lui a-t-il ordonné cela ? Ou a-t-elle entendu ce qui se déroulait et compris qu'elle devait rester dans sa chambre, car la violence était une situation familière ?

— Tu étais dans ta chambre pendant la grande dispute ?

Elle s'essuie le nez, puis hoche la tête deux fois. Remarquant de la pâte à modeler sur ses ongles, elle la scrute d'un air dubitatif.

— Tu les as entendus se disputer très fort ?

— Oui.

— Pauvre maman, dis-je. Tu as été une petite fille courageuse, Florence, maman t'aimait, et quand papa s'est mis en colère, tu n'avais rien fait de mal.

— Je suis restée dans ma chambre, dit-elle.

Comme si elle avait accompli quelque chose.

J'ai lu un livre. Je me suis brossé les dents.

— Tu n'as pas vu maman ?

Il faut que je sache. S'est-elle glissée en bas quand elle a entendu Jack sortir de la maison, a-t-elle vu Lizzie étendue par terre, ses cheveux blonds recouverts de sang ? Non, ce n'est pas possible.

Elle soupire et presse ses ongles collants entre eux.

— Je suis restée dans ma chambre, répète-t-elle, irritée.

— Tu es triste pour maman ?

Elle étale ses mains comme des étoiles de mer et enfonce tous ses doigts dans sa mixture. Je suggère :

— Parfois, sans doute. Moi, je suis triste parfois.

— Elle reviendra peut-être, déclare Florence pour me consoler.

— Non, dis-je, elle ne peut pas.

Elle se met à rassembler sa pâte à modeler ; son visage s'est assombri.

Je propose alors en m'approchant d'elle :

— Faisons-nous un câlin.

Elle pousse un petit soupir comme si ma requête s'apparentait à une corvée, mais ne s'en dresse pas moins sur sa chaise pour nouer les bras autour de mon cou et m'étreindre à m'en étrangler. Je l'enlace.

— À dada ! réclame-t-elle.

— D'accord, mais un tout petit peu.

Je ressens une douleur lancinante à la base de la colonne vertébrale quand elle se juche sur mon dos. Je fais le tour de la cuisine puis du salon. Florence balance les jambes, ses talons cognant contre mes cuisses.

Jack savait-il ? Savait-il qu'elle avait conscience de sa brutalité ? Était-ce lui qui lui intimait de rester dans sa chambre, ou bien Lizzie, cherchant désespérément à la protéger de la vue des coups ?

Je suis essoufflée quand je la repose. Pour constater que le four, recouvert d'une mousse qui noircit, attend toujours que je m'occupe de lui.

Lundi 15 avril 2013

Je tombe par hasard, dans le *Guardian*, sur un article qui me conduit au Dr Meredith Jansen. Elle est intervenue comme conseillère dans un programme de justice réparatrice au Salvador et a écrit un livre là-dessus. Dotée d'une formation de psychologue, elle a travaillé dans le domaine de la santé, et plus spécifiquement en psychotraumatologie. Elle est également médiatrice. Bien que ces informations figurent sur Internet, je ne sais pas comment la contacter, jusqu'à ce que je découvre une annonce sur LinkedIn stipulant qu'elle propose un stage de formation à l'University College de Londres.

J'écris à l'université, mais n'obtiens pas de réponse.

J'appelle, mais la standardiste me dit qu'elle n'a pas de numéro de poste.

Puis je reçois un mail.

Elle me prévient qu'elle ne pense pas pouvoir m'aider, mais qu'elle sera à Manchester dans sa famille pour une quinzaine de jours. On peut éventuellement se voir, afin que je lui en apprenne un peu plus.

Alors, tout s'enchaîne. Après de lents débuts, on évolue progressivement vers un accord négocié par le Dr Jansen. Elle me rencontre trois fois, fait de même avec Jack. Je commence à écrire mes lettres.

À présent, j'attends avec elle dans une salle spéciale de la prison. J'attends notre premier face-à-face. Le Dr Jansen, Meredith, assistera à notre échange. Nous avons convenu des modalités.

Et maintenant que je suis ici, j'ai envie de fuir, de tourner les talons et de mettre autant de distance que possible entre nous.

J'ai la peau glacée, l'estomac au bord des lèvres et les entrailles nouées. Mes oreilles bourdonnent et sifflent.

J'ai peur.

On frappe à la porte.

On te fait entrer.

QUATRIÈME PARTIE

Tu t'assieds sur la chaise en face de moi. Tu as le visage pâle, les yeux cernés.

Durant un bon moment, je ne peux pas croiser ton regard. Je scrute mes mains pendant que le docteur répète le protocole sur lequel nous nous sommes accordés pour cette rencontre. Elle y assistera du début à la fin, nous guidera.

Quand elle a terminé, je lève les yeux vers toi : tu détournes les tiens, les reposes sur moi, les détournes de nouveau. Puis tu te frottes les paumes.

Ton malaise palpable est un baume pour mon cœur.

— Souhaitez-vous dire quelque chose maintenant ? me demande Meredith. Avant que Jack ne commence ?

— Non.

— Jack ?

Elle t'invite à prendre la parole.

— Je suis désolé, t'excuses-tu. Je suis tellement, tellement désolé...

Je pense alors : de quoi ? Dis-le, dis ce que tu as fait. J'ai besoin qu'on me l'explique bien clairement. Qu'on l'écrive en lettres immenses éclairées au néon. J'ai besoin de l'entendre.

— Continuez, je vous prie, dit Meredith.

— J'ai tué Lizzie, et je le regrette. Je regrette ce que j'ai fait, et je suis désolé d'avoir menti à ce sujet. Je l'aimais tant.

Ta voix est faible, tremblante.

Je me tiens bien droite, fermement résolue à ne pas m'effondrer, à rester forte pour entendre tout ce que je suis venue entendre, connaître les réponses aux innombrables questions que je me pose.

— Ruth, souhaitez-vous intervenir ? me demande Meredith.

— Pourquoi as-tu menti ?

Tu pousses un soupir, presses tes poings l'un contre l'autre.

— Je ne voulais pas finir ici, dis-tu. Je ne voulais pas perdre Florence.

Je pense à elle juchée sur tes épaules, blottie dans tes bras lors de cette nuit affreuse, s'accrochant à tes jambes, criant sur la police, tressautant en te voyant à l'enterrement.

— J'avais peur, ajoutes-tu après une pause.

Dans le silence, j'entends la respiration de Meredith, tes bruits de déglutition.

— Pourquoi as-tu avoué maintenant ? dis-je.

Et, au moment où je pose la question, je me rends compte que je m'efforce de repousser l'instant fatidique où j'entendrai l'entière vérité sans fard, car cela m'effraie.

Tu commences à parler.

— J'étais très déprimé, ça me détruisait. J'essayais de ne pas y penser, mais je ne pouvais pas m'en empêcher. Ça empirait. Et, euh...

Tu prends une profonde inspiration, t'apprêtant à poursuivre.

La peur monte en moi telle une tornade, un tourbillon noir me dévorant, et je bondis sur mes pieds. Près de défaillir, les tempes bourdonnant, les yeux inondés de points dansants.

— Je ne peux pas continuer, je ne peux pas...

— Nous allons faire une pause, dit Meredith. Vous n'avez pas à vous infliger des choses qui sont contraires à votre volonté. Nous pouvons partir quand vous voulez. Allons dans la pièce d'à côté pour l'instant.

Nous te laissons et nous rendons dans un espace adjacent. Mes dents qui claquent résonnent dans ma tête. Je sens le sang de Lizzie ; je revis le premier choc, le cœur brisé, douloureux.

— Respirez, m'encourage Meredith. Lentement, régulièrement. Prenez votre temps.

Elle n'exerce aucune pression sur moi, ne précipite rien.

Dois-je partir ? Dois-je m'en aller et revenir une autre fois ? Serait-ce plus facile ? Si je pars maintenant, reviendrai-je ? Saurai-je jamais la vérité ?

Oh, Lizzie !

— Je veux continuer, dis-je.

Meredith acquiesce.

Nous y retournons.

Ton visage est mouillé, ton nez rouge. Tu as pleuré.

Je suis en équilibre, sur une corde raide, sur le rebord d'une falaise, en haut de la tyrolienne.

— Raconte-moi, dis-je.

Plongeon, culbute, la tête en proie au vertige.

— Ce jour-là (tu te racles la gorge), ç'avait été difficile. On se disputait à cause de l'argent, on devait demander un ajournement de nos mensualités, pour le prêt. On avait fait des courses, puis il y avait eu le coiffeur pour Lizzie.

Tu te mords l'intérieur de la joue. J'attends.

— On a bu un thé, puis mis Florence au lit. Enfin Lizzie a mis Florence au lit, rectifies-tu. J'étais en rogne, à cause de tout, parce que je n'avais pas de travail, parce que Lizzie avait dépensé plus de soixante-dix livres pour ses cheveux, mais je ne lui avais encore rien dit.

— Pourquoi ? interromps-je.

Tu réfléchis un instant, puis tu déclares :

— Parce que je voulais m'en prendre à elle. Je voulais la frapper. J'attendais que ça finisse ainsi. Ce jour-là, je n'en avais pas conscience, mais au cours que j'ai suivi sur la gestion de la colère, c'est ce que j'ai fini par comprendre. Je voulais la cogner.

C'est dur à entendre.

— Elle m'avait dit qu'elle avait une nouvelle à m'annoncer, et qu'elle espérait que j'en serais heureux.

Tu secoues la tête plusieurs fois. Je vois ta poitrine monter et s'affaisser, comme si les mots luttaient pour s'échapper.

— Elle était enceinte.

Tu le savais.

Quelque chose cède en moi.

— Je lui ai dit qu'elle devait s'en débarrasser. Qu'on arrivait à peine à nourrir et vêtir Florence, alors un autre enfant, c'était vraiment impossible. On a commencé à se disputer. Elle m'a dit que je pourrais trouver un autre boulot, un travail de bureau ou dans un centre d'appels, ou encore faire de l'intérim, qu'on s'en sortirait. Elle refusait de m'écouter.

Je sais ce qui va venir, je sens les vibrations sous mes pieds, j'en ai la chair de poule.

Je demande :

— T'a-t-elle crié dessus ?

J'ai un besoin aigu de connaître la moindre information, le détail le plus précis. Je veux que tout soit spécifié, à la puissance mille.

— Non, elle savait qu'il valait mieux qu'elle ne crie pas.

Mon cœur se serre.

— Tu l'avais déjà frappée ?

— Oui, réponds-tu mécaniquement.

Seule ta bouche travaille.

— Combien de fois ?

— Je ne sais pas, désolé.

Je demande :

— À quelle fréquence, alors ?

— Trois ou quatre fois par an.

Je te hais. Pourquoi ne m'a-t-elle rien dit ?

— Tu l'as frappée quand elle attendait Florence et l'été avant sa mort, comme Rebecca l'a affirmé ?

— Oui.

— Tu avais déjà utilisé un objet ?

— Parfois. Mais pas le tisonnier, confesses-tu d'un ton rauque.

— Quoi, alors ?

— Une bouteille de vin, son fer à lisser.

J'en gémis de douleur. Je commence à pleurer, puis essuie vigoureusement mes larmes.

— Vous croyez pouvoir continuer ? s'enquiert le Dr Meredith. Voulez-vous faire une autre pause ?

— Non, je veux poursuivre.

Poursuivre pour Lizzie, pour Florence et pour moi. Je suis figée dans le chagrin, ensevelie sous l'amertume causée par cette perte.

Il faut que je trouve une façon de briser l'état de stase, de fracasser la crypte dans laquelle je me meurs.

— Elle ne m'écoutait pas.

Tu parles à voix basse.

— Elle continuait à répéter qu'on s'en sortirait, que cet autre enfant tiendrait compagnie à Florence, qu'elle reprendrait le travail peu de temps après l'accouchement.

— Et toi, que disais-tu ?

— Je criais : « Pauvre conne, espèce de salope, putain d'égoïste ! »

Les mots sont des coups, mais je les endurerai : chaque consonne, chaque voyelle.

— « Pas question que tu aies un bébé, tu m'entends, tu vas le faire passer. »

Tu tends le doigt sans conviction, pâle écho de ta colère.

— Où était-elle ? Assise ou debout ? dis-je.

— Elle était assise sur le grand canapé. Moi, j'étais debout. Alors elle s'est levée. Elle avait peur.

— De toi ? Comment le sais-tu ?

— Elle avait baissé les yeux.

Tu prends une inspiration tremblante.

— Elle savait que j'étais... Que j'étais en train de perdre le contrôle. Nous le savions tous les deux. Elle s'est levée et a dit : « Non, je ne ferai pas ça. Je te quitterai si tu m'y obliges. » Et je ne me... Je ne me souviens pas d'avoir pris le tisonnier.

La sueur qui jaillit sous mes aisselles, dans ma nuque, me donne froid. Sur ma langue se propage un goût chimique.

— Mais j'ai dû m'en saisir.

Tu presses la main contre ta bouche.

Je crispe les orteils, rigide comme un cadavre, je serre les mâchoires. À l'intérieur, je bous.

— Je l'ai frappée avec.

Dans un murmure, je demande :

— Où ?

— À l'épaule.

— As-tu parlé ?

— J'ai dit : « Tu le feras, tu le feras. Tu feras ce que je t'ordonne. »

— Et après ?

— Elle a perdu l'équilibre et est tombée contre le poêle. Mais elle s'est redressée, remise debout, puis m'a attrapé.

— Par le bras ?

Ces égratignures. La peau qu'elle t'a arrachée. La preuve accablante.

— Oui.

— A-t-elle dit quelque chose ?

— Elle suppliait : « S'il te plaît, non, s'il te plaît, s'il te plaît, non. »

Ta voix se brise.

Et une digue s'effondre en moi.

Oh, mon bébé ! Ma fille chérie. Une jeune femme si belle. Ma fille !

Je ferme les yeux. Je respire. Je te regarde.

— Continue.

— Je l'ai frappée au bras, puis à la tête.

Tu commences à pleurer, ton nez rougit, les larmes ruissellent sur tes joues.

— Elle est tombée à genoux.

— A-t-elle dit quelque chose ?

— Non, pas cette fois.

Plus jamais.

— Je ne me souviens plus de grand-chose, je sais que je continuais à donner des coups, et puis elle n'a plus bougé, et il y avait du sang. Il y en avait partout.

Tu déglutis, tu suffoques en parlant.

— Je n'arrivais pas à le croire. À croire ce que j'avais fait. Je ne voulais pas que quiconque l'apprenne. Je voulais m'enfuir. Me cacher. Mais il y avait Florence. Il ne fallait pas qu'elle sache.

— Avec tout ce bruit, elle n'est pas descendue ?

— Elle savait qu'elle ne devait pas.

Je repense à l'ordre sévère dans la bouche de Florence : « Reste dans ta chambre. »

— Je suis allé la voir avant de sortir de la maison, et elle dormait.

— Elle t'a entendu agresser Lizzie, dis-je. Elle me l'a raconté.

Tu tressailles, éclates en sanglots, puis te détournes.

Je ne m'arrête pas pour autant.

— Et après, tu as tout nettoyé, comme ils l'ont expliqué au procès ?

— Oui, acquiesces-tu dans un murmure.

— Tu as brûlé tes baskets ?

— Oui.

— Et envoyé ces textos ?

Je repense à ce dernier message, une fausse demande de baby-sitting. La chaleur que j'avais ressentie en le lisant, un moment de communion avec Lizzie, puis l'impatience de voir Florence.

— Oui.

— Tu as laissé Florence. (J'ai une boule dans la gorge.) Tu as laissé Lizzie et tu es allé à la salle de sport.

— Oui.

— Et tes habits ?

Tu t'agites sur la chaise.

— Je suis passé par-derrière, par les terrains de jeux, j'ai contourné les commerces. Là où il y a les restaurants qui vendent des plats à emporter, il y a aussi des bennes à ordures. Je les ai cachés dedans, sous les sacs contenant des déchets de nourriture.

C'est encore si stupéfiant à mes yeux, tout ce que tu as fait. Je connais la vérité, mais je ne comprends toujours pas pourquoi tu as tué Lizzie. Et pour commencer pourquoi tu la frappais. Alors je te demande :

— Pourquoi la frappais-tu ? Ton père te frappait-il ?

Tu rougis, des taches écarlates se répandent sur tes joues. Tu déglutis, visiblement mal à l'aise.

— Non.

Je te regarde avec insistance. Il y a forcément une raison.

— Jack ?

Tu prends une profonde inspiration, inclines la tête en arrière. Je vois alors ton pouls battre dans ton cou. Puis tu baisses lentement le visage pour me regarder. Des larmes remplissent tes yeux.

— Ma mère me battait.

Ça alors ! Marian.

— Apparemment, je lui donnais du fil à retordre.

Puis il s'empresse de préciser :

— Mais ce qui est arrivé, c'est ma faute. Il n'y a pas d'excuses. Je suis pleinement coupable.

Tu enfouis le visage entre tes mains, puis tu me regardes à nouveau, un regard fixe et morne, rongé d'angoisse, front plissé.

— Je suis si désolé, Ruth. Dis-le à Florence, s'il te plaît. Je suis tellement, tellement désolé.

Tu ne peux pas implorer mon pardon immédiat. C'est l'une des conditions de base, entre nous. Il ne doit y avoir aucune pression exercée sur moi pour que je te pardonne. Pas d'attente d'absolution.

Meredith me demande si je souhaite te demander quelque chose en guise de réparation. Je secoue le menton. Je ne vois vraiment pas quoi, ni en quoi cela pourrait m'aider. Elle demande ensuite si j'ai quelque chose à ajouter avant que nous ne clôturions la séance, mais non. Je n'ai rien à dire de profond, de pénétrant ni de particulièrement intéressant. Tout ce que je réponds, c'est :

— Pas maintenant. J'écrirai.

Je suis complètement vide.

Épuisée.

ÉPILOGUE

17 Brinks Avenue
Manchester
M19 6FX

Il me faut un certain temps pour écrire. Des mois, en fait. Ça a été très difficile pour moi, la période qui a suivi notre rencontre. Comme si je me retrouvais de nouveau en deuil. Le chagrin est remonté à la surface. J'ai consacré toute mon énergie à survivre au jour le jour et à m'occuper de Florence.

Si cette confrontation avec toi m'a apporté quelque chose, c'est une sorte de décantation. La mort de Lizzie était obscène, une horrible tragédie, mais désormais tous les éléments m'en sont connus. Les étapes épouvantables m'ont été exposées dans toute leur crudité, et je me les suis racontées à l'infini, les ai répétées, mémorisées jusqu'à en connaître le déroulement par cœur. Par conséquent, la béance de l'ignorance que je remplissais avec mon imagination n'existe plus. Je détiens la vérité. Dure, cruelle, atroce.

Je choisis mon moment pour annoncer à Florence que je t'ai vu. Nous sommes au parc, en train de manger des sandwichs au concombre et des allumettes au fromage. Assez proches de la maison pour nous y retrancher au cas où elle le prendrait mal.

Nous sommes assises à l'ombre d'un grand chêne, au bord du terrain. Florence a ramassé les glands qui ont échappé à la vigilance des écureuils pour les ramener chez nous. Nous les planterons et verrons bien si un arbre pousse.

Pour aider Florence, je dois constamment préserver ta réputation, te faire passer pour un homme imparfait, mais pas un monstre.

Quelqu'un qui a commis un acte terriblement répréhensible, mais qui en est conscient. Une personne en possession de son libre arbitre, qui regrette. Il est nécessaire qu'elle sache que tu acceptes ta culpabilité et que tu es pétri de remords.

— Je suis allée voir papa, en prison.

Elle paraît surprise.

— Il est désolé d'avoir fait du mal à maman, il préférerait ne pas l'avoir fait. Il m'a chargée de te dire qu'il regrettait vraiment son geste. Il sait qu'à cause de lui tout le monde est triste, que maman nous manque à tous, et lui aussi est triste. Toi, tu as été très sage, ce n'est pas ta faute. Tu étais une toute petite fille, et tu n'as pas pu aider maman. Ce que papa a fait était mal, mais il regrette beaucoup.

— Et tout son sang est sorti.

Je déglutis.

— Ah bon ? (Mon cœur se tord de douleur.) Tu as vu ce qui s'est passé ?

— Oui, dit-elle.

— J'imagine que ça t'a fait un peu peur.

Elle penche la tête, déconfite.

— Est-ce qu'il va rentrer à la maison ?

— Non. Tu vas rester avec moi.

— Pour toujours ?

— Jusqu'à ce que tu grandisses et que tu aies une maison à toi.

— Je ne veux pas de maison à moi, je veux rester chez toi toujours, toujours, toujours.

— Entendu.

Naturellement, je m'inquiète pour son avenir. Quand Florence aura dix-huit ans, j'en aurai soixante et onze. Que se passera-t-il si ma santé vacille ? Ou devrais-je dire quand ma santé vacillera ? Il est physiquement très éprouvant pour moi de soulever Florence, de la porter, de courir derrière elle. Je pensais que j'avais passé l'âge d'élever des enfants. Il y aura aussi d'autres défis émotionnels. Comment pourrait-il ne pas y en avoir ? Nous ferons de notre mieux. C'est tout ce qui est en notre pouvoir. Cela et l'amour.

Son expression s'améliore, elle est un peu plus sociable, un peu moins collée à moi, à présent. Nous ne faisons plus nos expéditions à Londres, mais pour être honnête, je ne pense pas qu'elle pourra un jour s'affranchir vraiment de l'impact de tes actes. Il lui faudra vivre avec et, je l'espère, accepter la situation. Son existence prendra un cours différent en raison du meurtre de Lizzie. Celui-ci l'affectera au plus profond d'elle-même. Penser qu'elle surmontera la tragédie, qu'elle en sortira indemne, est irréaliste et serait déloyal. Mais elle connaîtra l'amour, la sécurité et le bonheur avec moi. Je ferai tout mon possible pour lui procurer de la stabilité et le réconfort dont elle a besoin.

Tes parents te rendent-ils visite ? Je suppose que oui, mais je m'en fiche un peu. Nous ne nous sommes pas revus depuis le procès. Peut-être n'y a-t-il jamais eu un lien très solide entre eux et ta fille, à moins qu'ils n'aient estimé préférable de rester à l'écart. J'en suis ravie : ç'aurait été très dur pour moi, et cela aurait perturbé Florence, qui a déjà tant de mal à faire confiance aux autres.

Nous restons à Manchester. Je ne nous imagine nulle part ailleurs. Je loue ma chambre d'amis à un étudiant russe qui est adorable. Je cherche aussi du travail. La plupart du temps, mes candidatures demeurent sans réponse. Il faudrait que je décroche un entretien. Mais il y a tant de gens qui postulent pour si peu de postes à pourvoir. Et maintenant, j'ai une carte de bus senior, ce qui n'est pas vu d'un très bon œil par la plupart des employeurs. Par ailleurs, sur mon C.V., je dois expliquer pourquoi j'ai arrêté de travailler, tous ces mois perdus. Soit je dis que j'ai pris un congé sabbatique, soit qu'il y a eu un décès dans ma famille. Je réclame tous les avantages auxquels j'ai droit pour Florence, mais cela représente une maigre pitance. Comme ma pension. Nous menons une vie très frugale, même si Tony apporte sa contribution. Il n'y aura pas de vacances à l'étranger pour Florence, pas d'iPhone.

Avec le temps, lentement, les milliers d'autres souvenirs que j'ai de Lizzie deviennent plus présents, remplacent progressivement l'atroce soirée de sa mort. Je la reconquiers, la retrouve.

Et, ce faisant, l'amour que je lui porte, la joie attachée à sa personne, dilue l'amertume et la colère que j'éprouve envers toi. Il est juste de dire que je n'ai plus soif de vengeance, je ne me délecte plus en imaginant tes souffrances, ton anéantissement. Je ne me réfugie plus dans mon chagrin, sur le bûcher pendant des nuits entières. Cela s'est transformé en quelque chose de plus simple, que ne vient plus compliquer le sentiment de haine qui me tenaillait.

Je n'oublierai jamais.

Et je sais aussi que le pardon me dépasse complètement. Mais détenir la vérité, et l'ayant obtenue de toi, me permet au moins de saisir ce que tu as fait. Aussi inhumains que soient tes actes, ils ne me sont plus impénétrables. Juste affreusement tristes. Quel terrible gâchis.

Je ne sais pas comment font les autres, ceux qui arrivent à pardonner, à atteindre ce stade-là. Je ne pense pas que tu mérites mon pardon. Et je ne crois d'ailleurs pas pouvoir te faire ce cadeau. À mon avis, la seule personne qui peut vraiment te pardonner, c'est toi-même.

Je ne t'écrirai plus.

Serai-je un jour capable de penser à toi avant que tout dégénère, à toi jeune acteur charmant, prometteur et talentueux, qui aimait tant ma fille et s'occupait si tendrement de ma petite-fille ? Peux-tu être à la fois cet homme-là et un tueur, un menteur ? Il le faut, pour que Lizzie retrouve son intégrité et ne soit pas juste une victime.

Le Dr Jansen a demandé une réparation. Or, une chose est plus importante pour moi que toute autre : que l'intérêt de Florence passe avant le tien. Que tu promettes de ne jamais chercher à la revoir ni reprendre contact avec elle, que tu ne viennes plus jamais perturber sa vie. Tu dis que tu l'aimes, et je te crois. Alors laisse-la tranquille. Renonce à elle. Elle doit être délivrée de la peur de te voir un jour surgir sur le palier pour tenter de la reconquérir. Tout comme moi.

Quand tu as tué Lizzie, tu as perdu Florence. Il faut que tu l'acceptes.

En outre, j'ai une requête à formuler : comporte-toi de façon exemplaire, enseigne aux autres détenus ce que tu peux. Quels que soient les cours ou les groupes qui existent en prison, sers t'en pour parler de ta violence, la questionner, l'analyser, en comprendre les ressorts. Montre aux autres où cela conduit. Expose-la aux yeux du public, sors-la de derrière les sacrements du mariage et les rideaux qui voilent l'intimité, peins-la en couleurs vives sur les portes d'entrée. Deviens un exemple et un moteur pour le changement.

Fais-le pour Lizzie.

Je dois toujours écraser durement tous les « si » qui jaillissent telles de mauvaises herbes dans le sillage d'une pluie chaude. Si seulement elle m'avait parlé. Si seulement tu avais cherché de l'aide pour lutter contre ta violence. Ce sont des épines empoisonnées qui me transpercent la plante des pieds.

Je suis en train de réchapper à la dislocation de ma vie. La blessure est en train de guérir, mais la cicatrice demeurera profonde et sensible, constitutive de mon existence, puisqu'elle en a changé à jamais le cours. Je ne surmonterai pas la mort de Lizzie, mais j'apprendrai à vivre avec. À respirer et à aimer de nouveau.

Hier, je suis passée à la bibliothèque. Stella est partie, elle travaille désormais dans le secteur privé, où elle malmène un autre sous-fifre. J'ai choisi un livre. Je l'ai emprunté et, hier soir, je me suis remise à lire. Juste deux ou trois pages. C'était comme de rentrer à la maison. Comme si j'avais retrouvé une part de moi-même, mon humanité.

Adieu.

Ruth

REMERCIEMENTS

Deux publications m'ont fourni une mine d'informations précieuses : « Review into the Needs of Families Bereaved by Homicide » de Louise Casey et *Guiding Children Through Trauma and Grief* de Jean Harris-Hendricks, Dora Black et Tony Kaplan (je ne cite pas le titre complet de cet ouvrage pour ne pas gâcher le plaisir de lecture). Un grand merci à Anna Graham qui a partagé avec moi son expérience de bibliothécaire, et à tous les bibliothécaires en général. Tous mes remerciements à Krystyna Green et à l'équipe de C&R Crime, tout comme à mon agent, Sara Menguc, pour son soutien sans faille, ses encouragements et son enthousiasme. Je voudrais aussi exprimer ma profonde gratitude à Mary Sharratt et Kath Pilsbury pour leur feed-back dans la joie et la bonne humeur tout au long de mon travail d'écriture. Enfin, encore et toujours, un grand merci à Tim : sans toi, je n'y serais pas arrivée.

Achevé d'imprimer en septembre 2019
par Aubin Imprimeur à Ligugé
N° d'impression 1906.0323
Dépôt légal, octobre 2019
Imprimé en France
37834071-1